Liebe Grüße
vom
Humpelstilzchen

Wer fröhlich stirbt, hat mehr vom Tod.

Fabio Marotti

Liebe Grüße vom Humpelstilzchen

Zwölf haarsträubende Kriminal-Stories

Bibliografische Information der deutschen Nationalbibliothek
Die deutsche Nationalbibliothek verzeichnet diese Publikation in
der Deutschen Nationalbibliografie; detaillierte bibliografische
Daten sind im Internet über http://dnb.d-nb.de abrufbar.

Erste Auflage 2014

Gesamtherstellung:
Satz, Herstellung und Verlag:
BoD - Books on Demand, Norderstedt
Umschlaggestaltung: Atelier Rudolfo W.C. Basta

ISBN 9-783735-7631-67

Inhaltsschweres

Antipasto   7

Bitte 4 x Geisterbahn   9

Von edlem Schrot und Korn   18

Verschollen im Stollen   24

Liebe Grüße vom Humpelstilzchen   47

Sauber, sauber!   52

Ein Männlein steht im Walde   56

Ein Häuptling zum Schießen   62

Zum ersten, zum zweiten und zum …!   72

Eine einmalige Dauerwelle   79

Verbrannt in alle Ewigkeit   85

Früher floss mehr Blut   93

Jetzt wird erstmal schön gestorben   96
und dann sehen wir weiter

Vita und Auflistung lieferbarer Bücher   100

Die meisten der im Buch genannten Personen sind frei erfunden.
Die Namen der Täter sowie der Opfer auf den Tatort-Fotos sind dem Autor hingegen bekannt. Sie dürfen sich aber seiner äußersten Diskretion sicher sein.

Antipasto

Leider wird auch in unserer Region weiterhin fröhlich gemordet. Und die Opfer müssen durchaus nicht ausschließlich junge blonde Frauen bei Vollmond sein, wie im ersten Krimi aus meiner Heimatstadt geschildert („Keine Gnade für Blondinen").

In zwölf Kriminal-Stories berichte ich aber auch diesmal über nicht ganz alltägliche Fälle – allerdings mit viel Fantasie, Humor und delikaten Frechheiten gewürzt.

Dabei können als Tatort beispielsweise genauso eine Toilette (sprich: Tollette) wie auch ein gut gepolsterter Friseurstuhl oder eine Laientheaterbühne in die engere Auswahl kommen.

Leichen kann man, wenn man will, fast überall finden. Man muss nur immer Augen, Ohren und Nase offenhalten. Und genau das habe ich wieder für Sie getan.

Ihr stets ergebener Fabio Marotti

Bitte 4 x Geisterbahn

Jedes Jahr Ende Juni beginnt in der Kurstadt Bad Wimpfen der traditionelle *Talmarkt,* einer der bundesweit größten Jahrmärkte mit einem geballten Angebot an Händlern, Vergnügungen, Verpflegung und Unterhaltung. Schon in meiner Jugend hatte dieser Termin absoluten Vorrang – Teilnahme war Pflicht.

Verzeihung, ich muss mich nochmals kurz vorstellen: Kriminaldirektor Stefan Baumann, nach meiner Verehelichung mit der genauso glutäugigen wie türkischstämmigen Kollegin Sibel Ökücü, vom BKA Wiesbaden abgeordnet zum Landes-kriminalamt Stuttgart. Sibel arbeitete weiterhin unter den Fittichen meines alten Spezis Sepp Holdermüller beim Dezernat Gewaltverbrechen der Kripo-Direktion Heilbronn.

Für unseren Besuch des Wimpfener Talmarktes hatten wir uns an diesem Samstagabend geradezu südländisches Wetter ausgesucht. Entsprechend gut gelaunt und mit durstigen Kehlen schoben uns die Menschenmassen an den Buden- und Vergnügungsparkgeschäften vorbei. Sibel und ich hatten nette Verstärkung angefordert: Kollege Klaus Wegner und seine aktuelle Freundin Karin begleiteten uns. Hoffentlich hielt es die bildhübsche Brünette etwas länger an seiner Seite aus als die bisherigen Eroberungen. Denn er ist nun mal ein Witzbold par excellence – dienstlich und privat. Eines war jedenfalls garantiert: An diesem Abend würde Langeweile ein Fremdwort sein.

Bei unserem Rundgang durch die geschichtsträchtigen Gassen machten wir zuerst an einer Wurfbude Halt. Mit Stoffbällen konnte man nach den Konterfeis von zu Guttenberg, Alice Schwarzer und Bischof Tebartz-van Elst werfen. Klaus Wegner war nach dem fünften Kräuterschnaps bereits so in Höchstform, dass er zwar nicht die Prominenten, dafür aber den Budisten (Besitzer der Bude) ins Gesicht traf. Danach wollte ich es schon gar nicht mehr versuchen.

Wir beschlossen, unser obligatorisches Schießtraining von der direktionseigenen Anlage auf eine Schießbude zu verlagern. Immerhin schoss ich bereits beim dritten Versuch erfolgreich einem Teddybären ein Auge aus und von einer Papierblume konnte ich wenigstens noch den Stiel an Sibel überreichen. Und hätte uns die Schießbudenfigur nicht des Standes verwiesen, wer weiß, was wir noch für Volltreffer erzielt hätten. Beim Losverkäufer hatte nur Sibel Glück. Der Gewinne-Oberaufseher überreichte ihr mit einem unverschämten Grinsen eine Kurpackung Kondome, worauf sie mich verheißungsvoll anblinzelte. Und natürlich musste Kollege Wegner seinen Kommentar dazu abgeben, er wäre sonst wahrscheinlich daran erstickt:

Willst du freitags fleischlos essen,
darfst du Verpackung nicht vergessen!

Lachen macht hungrig und so gönnten wir uns im Vorbeigehen eine Portion Pommes rot/weiß. Es kam wie es kommen musste: Sibel war gerade beim Eintunken ihrer Kartoffelsticks in die Soßen angelangt, als sie ein Angetrunkener anrempelte und ihre weiße Jeans mit einem künstlerisch hochwertigen Ketchup-Muster im Schritt verzierte. Eine junge Frau hatte tatsächlich Mitleid mit ihr und wollte ihr einen Tampon premium anbieten. Wer den Schaden hat….

„Wisst ihr was? Wir fahren Geisterbahn", schlug ich dem fröhlichen Trio vor. Sibel klatschte vor Begeisterung in ihre niedlichen Händchen. „Stefan, das wollte ich immer schon mal erleben. Ist das auch wirklich gruselig? Schwörst du, dass du mich beschützt?"

„Ja, aber ich warne dich, dort gibt es wirklich Gespenster, die dir vielleicht gefährlich nahe kommen."

Schon von weitem wiesen uns schrille Töne aus den Charts und sonstige schauerliche, unmusikalische Geräusche den Weg zu dem Horror-Fahrgeschäft.

Ich drängelte mich zur Kasse vor und stellte mich der Geisterbahn-Vorsitzenden vor: „Jerry Cotton und Phil Decker vom FBI in Begleitung von zwei Geiseln. Also bitte vier Mal Geisterbahn." Die Dame schien sowohl ob ihres Plisseegesichtes als auch ihres IQs für dieses Etablissement wie maßgeschneidert.

Klaus Wegner nahm mit Karin im Mini-Cooper hinter uns Platz, während Sibel und ich uns in ein rosa-grün-farbenes Ferrari Cabrlo mit gelben Außenspiegeln zwängten. „Da sieht man wieder", lästerte Wegner los. „Selbst bei der Geisterbahn wird nach Dienstgrad gefahren."

Vor uns hatte ein junges Paar einen vom ADAC mit dem Gelben Engel ausgezeichneten VW Golf besetzt. Sie erweckten den Eindruck, als ob sie nur darauf warteten, bis es endlich dunkel um sie würde.

Bei Karin und Sibel strahlten die Augen vor freudiger Erwartung. „Verdammt, Klaus. Ich glaube, ich habe meine Dienstwaffe vergessen. Ihr müsst nämlich wissen", wandte ich mich mit todernstem Gesicht an die beiden Ladys, „dass sich viele zwielichtige Typen gerade bei Geisterbahnen für Ein-Euro-Jobs bewerben und sich dort als Vampire oder Monster zur Verfügung stellen. Hast du vielleicht zufällig deine Wumme eingesteckt?"

Klaus grunzte vor Vergnügen. „Nein Boss, der Colt schlummert zu Hause in der Küchenschublade zwischen dem Spargelschäler und dem Korkenzieher. Aber vielleicht kann ich einen etwaigen Angreifer ausnahmsweise mit Reizgas außer Gefecht setzen. Die Pommes samt Kräuterschnaps tanzen nämlich in meinem Gedärme Ringelreihen."

Ruckartig setzten sich die Wagen in Bewegung. Sibel fiel mir - natürlich völlig unabsichtlich – bereits in der ersten Kurve in die Arme. Das konnte ja heiter werden. Wir fuhren in das Kabinett des Schreckens ein und urplötzlich wurde es krappennacht um uns. Sibel kroch mir auf den Schoß und leckte mir mit ihrer Zunge durchs Gesicht wie ein Berner Sennenhund. Drohende Gestalten bauten sich aus der Finsternis vor uns auf. Ein Zombie schrie mir ins Ohr, ich hätte meine Kraftfahrzeugsteuer noch nicht bezahlt und in einem Kochkessel dünstete ein krebsrotes Bleichgesicht vor sich hin, das eine Mütze mit der Aufschrift „Knorr Erbsensuppe mit Fleischeinlage extra" trug.

In einer scharfen Rechtskurve griff ein naher Verwandter von King Kong nach Sibels Haaren und stöhnte, als ob er einem Orgasmus nahe wäre. Sie weidete sich an meiner Verlegenheit, als eine Voodoo-Zauberin unbedingt meinen Zauberstab sehen wollte. In der nächsten Grusel-Abteilung regnete es plötzlich Riesen-Maikäfer. Und jetzt wurde sogar ich misstrauisch, denn Maikäfer im Juni sind mehr als verdächtig. Als Kriminalist kann man nun mal auch außerhalb des Dienstes die Augen nicht verschließen. So fuhr auch in diesem Ferrari Cabrio das Misstrauen mit. Ich steckte ein paar der Käfer in die Hosentasche, um sie notfalls als Beweismittel in die Akten legen zu können. Als mir das Furcht erregende Krächzen eines Riesenvogels, der knapp an meinem Ohr vorbeischrammte, in sämtliche Glieder fuhr, stieg eine fürchterliche Ahnung in mir auf. Denn nur wo Aas ist, versammeln sich die Geier! Also musste hier irgendwo etwas herumliegen, das nicht zum normalen Geisterbahn-Inventar gehörte. Als auch noch der junge Mann im Wagen vor mir plötzlich um Hilfe schrie: „Manu, wo bist du? Verdammt, das ist jetzt aber kein Scherz mehr. Ich verspreche dir auch auf der Stelle, dass wir uns sofort nach dieser Höllenfahrt verloben."

Ich aber schlüpfte dank einiger genossenen Flaschen Bier geradezu in die Rolle des FBI-Agenten und bluffte plan- und pistolenlos: „Hände hoch, Waffe fallen lassen!"

In diesem Moment tauchte ein Skelett mit rotgelbgrün funkelnden Ampelaugen auf, das anscheinend auf einen offenen Sarg aufpassen musste. „Mensch Klaus", wandte ich mich an den Kollegen im hinteren Gefährt, an dem Sarg sind wir doch vorhin schon mal vorbeigekommen. Aber da war er hundert pro noch leer."

„Du hast Recht, Boss. Und jetzt hängt ein weibliches Bein heraus. Ich zieh die Notbremse!"

„Haben wir hier nicht, Agent Decker. Wir müssen diese Fahrt zu Ende schaukeln, ob wir wollen oder nicht. Außerdem steht hier ein Verkehrsschild mit der Aufschrift *Aussteigen während der Fahrt strengstens verboten!*"

Ich versuchte den jungen Mann vor uns zu beruhigen, indem ich uns als Kripo-Beamte zu erkennen gab. Und wir vier waren allesamt schlagartig nüchtern. Ja, kann man denn nicht mal in der Freizeit Geisterbahn fahren, ohne dass der liebe Kollege Sepp Holdermüller schon im Dezernat Mord und Totschlag mit den Hufen scharrt?

Selten hatten wir uns so danach gesehnt, wieder ans Tageslicht zu kommen, wie in diesen Momenten. Sofort wussten wir drei Profis, was jeder zu tun hatte. Sibel bat die Geisterbahn-Chefin, ab sofort den Fahrbetrieb einzustellen und in den Kammern des Todes sämtliche Lichter einzuschalten. Dann kümmerte sie sich zusammen mit dem jungen Mann um seine Freundin im Sarg. „Stefan, sie lebt", rief sie mir zu. „Das hat sie wohl dir als Jerry Cotton-Verschnitt zu verdanken. Sie wurde zwar niedergeschlagen, ist aber bereits wieder bei Bewusstsein. Tatwaffe war offensichtlich eine halbvolle 0,7-Liter-Flasche Lauffener Katzenbeißer Lemberger Spätlese, Jahrgang 2009."

Klaus Wegner bat die anderen zwölf Fahrgäste, sich zu unserer Verfügung zu halten, um die Personalien aufzunehmen und sie wegen etwaiger Wahrnehmungen zu befragen.

Und ich hängte mich ans Handy und funkte das Neckarsulmer Polizeirevier an, dass sie ein paar Streifen und einen Rettungswagen vorbeischicken sollten. Die Talmarktwache war nämlich auch mit den üblichen Samstagabenddelikten wie Pöbeleien und Meinungsverschiedenheiten bestimmt reichlich ausgelastet. Dann aber wählte ich mit wahrer Wollust die Nummer des Kriminaldauerdienstes. Welch ein Zufall – mein lieber Freund und Kollege Holdermüller war tatsächlich im Büro.

„Rate mal, wer hier spricht und auf welchem gefährlichen Einsatz ich mich gerade zusammen mit dem Kollegen Wegner und meinem trauten Weibe befinde", säuselte ich in das Telekommunikationsgerät. „Sepp, du wirst mir dankbar sein, dass du endlich das muffige Büro mit ein bisschen Remmidemmi vertauschen kannst. Bringe bitte die gesamte Mannschaft mit zum Wimpfener Talmarkt."

„Sag mal, seid ihr besoffen oder was. Wo steckt ihr wirklich?"

„Lieber Josef, wir fuhren gerade mit der Geisterbahn und da ragte plötzlich ein Frauenbein aus einem Sarg....."

Seine jugendgefährdenden Flüche möchte ich hier nicht wiederholen. „Wehe, wenn du mich verarscht, dann geh ich mit dir Schlittenfahren, mitten im Frühsommer, auch wenn dein goldener Direktor-Stern zehnmal heller glänzt als meine Kommissar-Silberlinge!"

Klaus Wegner sah an meinem breiten Grinsen, mit wem ich mich da unterhalten hatte. „Das Mädel ist außer Lebensgefahr. Eine dicke Beule am Hinterkopf, aber wohl keine bleibenden Schäden. Sie kann heute also nicht nur Verlobung, sondern auch gleich ihren zweiten Geburtstag nachfeiern. Ansonsten: Niemand hat etwas gehört oder gesehen. Warum denn auch? Die Leute wollen wie wir auch nur Spaß haben. Wenn da jemand dem Mädel vermutlich aus Eifersucht ans Leder wollte und hat sich für diesen Zweck als Monster verkleidet, können wir alle Spuren vergessen. Und nichts ist leichter, als anschließend in dieser Menschenmenge unterzutauchen."

Ich musste ihm Recht geben. Aber sollte ruhig Sepp Holdermüller mit seiner Mannschaft die Anstalt des Schreckens auseinandernehmen. Und dass er dies genüsslich tun würde, davon war ich überzeugt.

Bei einer ersten Vernehmung des Opfers ergab sich tatsächlich, dass ein verheirateter Mann aus demselben Ort ihr seit geraumer Zeit nachstellte. Die junge Frau hatte ihn jedoch unmissverständlich abgewiesen. Und damit hatten wir auch das Motiv. In einer Mülltonne in seiner Garage wurde eine Zombie-Maske gefunden. Zuerst redete er sich noch mit Kostümierung zum Fasching heraus, nachdem sich seine Frau aber nicht erinnern konnte, ihn je in dieser Verkleidung gesehen zu haben, gestand er kleinlaut seine Tat. Sowohl von seinem Arbeitgeber als auch von der Familie erhielt er die fristlose Kündigung. Welche Bank kann sich auch einen Zombie am Kundenschalter leisten? Nur die Staatsanwaltschaft würde sich noch für ihn interessieren: Anklage wegen versuchten Totschlags.

Von edlem Schrot und Korn

Er war ein Blaublütiger mit reinrassigstem Stammbaum – zumindest solange er noch unter den Lebenden weilte. Nun aber wälzte sich Warnfried von Haaselitz und auf der Schönburg bildlich in seinem Blute. Und das war beileibe nicht blau, sondern von herrlichstem Karminrot. Man hätte es ohne Bedenken in jeden Aquarell-Malkasten abfüllen können. Und eigentlich wälzte er sich auch nicht, sondern er drückte sein adeliges Gesäß darin breit. Sogar jeder Kriminalanwärter konnte bereits auf den ersten Blick sehen: Da saß ein Toter, so tot wie man toter gar nicht sein kann. Leider nicht waidgerecht erlegt, wie es sich eigentlich für einen Freiherrn ziemt, sondern feige dahingemeuchelt und durchsiebt von exakt dreiundfünfzig Stahlkugeln dort, wo sich früher einmal sein freiherrliches Knie befand. Es war geradezu pulverisiert, man hätte passenderweise auch von einem Nes-Knie sprechen können.

Mein Freund und Spezi Josef Holdermüller, seines Zeichens Dezernatsleiter für Leichen aller Art und jeden Zustandes von der Kriminaldirektion Heilbronn, fühlte sich berufen, mich wieder einmal in meiner Freizeit anzufunken. „Steff, erhebe deinen völlig übermüdeten LKA-Hintern, um einen ebensolchen reichlich leblosen aus der High Society zu begutachten", riss er mich mit balzender Stimme aus den schönsten Liegestuhlträumen. „Hier muffelt einer vor sich hin und ich wette um eine Currywurst mit Pommes und Mayo, dass du mit ihm gemeinsam schon einige Golfbällchen im gelöcherten Rasen versenkt hast. Seinem blattvergoldeten Ausweis nach handelt es sich um den Freiherrn von Haaselitz und auf der Schönburg. Mal ehrlich, hast du schon einmal erlebt, dass einer mit Schrotkügelchen im Knie das Zeitliche gesegnet hat?"

Wenn ich, Stefan Baumann, als Kriminaldirektor und Abteilungsleiter beim Landeskriminalamt Stuttgart zur Unterstützung angefordert werde, dann war in diesem Fall etwas oberfaul. Denn normalerweise schafft es Erster Hauptkommissar Holdermüller als mit allen Wassern gewaschener Kriminaler auch allein, den oder die Täter innerhalb Rekordzeit einzulochen – um bei der Golfsprache zu bleiben.

Also holte ich meinen Audi A 6 aus dem Stall und peitschte ihn mit rasanten sechzig Sachen über die verstopfte Autobahn Richtung derer von Haaselitz.

Auf dem Schlosshof des bescheidenen Anwesens von grob geschätzt 830 Hektar mit einem gekonnten Powerslide angekommen, fiel mich sofort ein weibliches Wesen mit tiefschwarzen Haaren an. Erst an ihren völlig undienstlichen Küssen bemerkte ich, dass es sich um die Kriminalhauptmeisterin Sibel Baumann handelte – also mein angetrautes Weib. Auch sonst war die gesamte Dezernatsmannschaft versammelt. In vorderster Reihe Kollege Klaus Wegner, der mich sofort wieder mit einem seiner berüchtigten Bonmots begrüßte:

Er hängt den Arsch ins blaue Blut,
obwohl ihm das nicht gute tut.

„Hallo Stefan, danke für die Amtshilfe", begrüßte mich Sepp Holdermüller ungewohnt ernst. „Erstens ist die Sache äußerst mysteriös und zweitens bekomme ich so sicher wie das Amen in der Kirche von allen hochrangigen Stellen Druck. Der Gemeuchelte spielte nämlich mit dem Oberstaatsanwalt Bridge, sang mit dem Landgerichtspräsidenten im Kirchenchor und Ludger Beerbaum durfte ab und zu eines seiner ebenfalls reinrassigen Ponys im Parcours reiten. Kein Mensch außer dem Opfer war auf dem Gelände = Besitztum. Die bereits verständigte Familie derer zu Haaselitz und auf der Schönburg weilt zur adäquaten Wellness an den südfranzösischen Gestaden und das Hartz IV-Personal hatte frei bekommen. Nur der edle Jagdhund Bernolf von der grünen Wiese begleitete ihn auf seinem täglichen Rundgang. Leider konnten wir diesen noch nicht vernehmen, da er unter Schock steht und die Polizeihundestaffel anderweitig unterwegs ist", fügte er genüsslich grinsend hinzu. „Tatort ist offensichtlich gleichzeitig der Fundort. Der Verblichene hat sich ein lauschiges und standesgemäßes Plätzchen zwischen seinen Edelrosen Konrad Adenauer und einem Zierstrauch Admiral Nelson ausgesucht. Die neben ihm liegende Flinte vom Kaliber 30/90 scheint dem Aussehen nach ähnlich betagt zu sein. Ich kann mich entsinnen, so etwas früher in Wildwestfilmen gesehen zu haben. Gehen wir mal davon aus, dass sie uns der Ballistiker als Tatwaffe bestätigt."

Der Freiherr lehnte mit aristokratisch konzentriert geschlossenen Augen am Stamm eines zirka dreihundertachtundzwanzigjährigen   Birnbaumes. Ich erkannte ihn auf Anhieb an seinen schlohweißen Haaren und der korrekten Kleidung inklusive Seidenkrawatte Karl Lagerfeld exclusiv als den Edelmann, mit dem ich tatsächlich schon mal an einem Golf-Benefizturnier teilgenommen hatte.

„Wir haben schon die ganze Nachbarschaft abgeklappert", mischte sich KHM Jakobs ein. „Aber bei einer Entfernung von mehr als drei Kilometern bis zur nächsten Behausung kann man schon mal einen Schuss überhören. Zudem wird der alte Herr sicher auch sonst mal nach Täubchen oder Wachteln für das abendliche Mahl abgedrückt haben.

Wieder musste Klaus Wegner seinen Kommentar dazu abgeben. „Der von starken Blähungen geplagte Jäger legte sich auf den Bauch, riss die Waffe an seine Wange und ließ es laut krachen. Wenn ihr mich fragt, ist die Sachlage eindeutig: Selbstmord mittels Schrotladung ins Knie!"

„Eine Chance haben wir noch", fügte der Dezernatsleiter an. „Vielleicht identifiziert Bernolf von der grünen Wiese dank seiner Fuchsbaunase den meuchelnden Fremdling. Andererseits wird der doch nicht so blöd sein, ausgerechnet in den nächsten Tagen hier einen Kondolenzbesuch abzustatten. Wir müssen aber auch die Möglichkeit eines Unglücksfalles in Betracht ziehen."

Kriminalkommissar Blaumann bestätigte, dass aus dem Waffenschrank mit insgesamt fünfundsiebzig Langwaffen tatsächlich eine Flinte fehlte. Es brachte uns nicht weiter und wir ließen daher, nachdem die Spusi und der Medizinmann ihre routinierte Arbeit erledigt hatten, den adligen Leichnam standesgemäß in einem Edelmahagoni-Sarg in die Gerichtsmedizin verfrachten. Ein solcher stand stets in den Haaselitz`schen Katakomben für solche ungeplanten Todesfälle bereit; schließlich ist es einem Freiherrn nicht zuzumuten, in einem ordinären Zinksarg zwischengelagert zu werden.

Bei einem gemeinsamen Abendessen mit sämtlichen Kollegen wurde kräftig gefachsimpelt und die wildesten Vermutungen standen im Raum. Wir übernachteten allesamt im gemütlichen Dorfwirtshaus, um gleich am nächsten Morgen mit der üblichen Kleinarbeit fern aller ARD-Tatortermittler fortfahren zu können.

Als wir alle beim Frühstück saßen, klingelte das Kneipentelefon. Sepp Holdermüller nahm ab. Zuerst wechselte er die Gesichtsfarbe, dann legte er ungewohnt behutsam den Hörer auf die Gabel. Er schaute uns der Reihe nach an und prustete los: „Das war der Doc. Seine Hoheit von und auf verendete nicht etwa am Schock oder Blutverlust, sondern durch eine Blutvergiftung. Die Patronenladung stammte wie der Vorderlader wohl noch aus dem Südstaatenkrieg. Die Ladung bestand auch nicht wie üblich aus Blei, sondern aus Stahlkugeln im Durchmesser 6 mm und diese waren im Laufe der Jahrzehnte und bedingt durch das feuchte Burggemäuer total verrostet." Er drohte fast am eigenen Lachen zu ersticken und – natürlich – setzte Kollege Wegner noch einen drauf:

„Willst gesund mit Schrot du schießen,
sollst du dir Bio-Küglein gießen."

Verschollen im Stollen

Mal ganz ehrlich: Sie haben bereits die obligatorischen zwei Samstagvormittag-Überstunden heruntergerissen und träumen schon davon, endlich Ihr urgemütliches Büro für ein paar Stunden Erschöpfungsschlaf im heimischen Liegestuhl zu verlassen. Später im Sessel die krampfaderngefährdeten Füße hochlegen, bei einem Krug aus dem Barrique-Fässchen den Münsteraner Tatortermittlern Thiel und Börne beim Lösen ihres neuesten Falles beiwohnen und sich nebenbei von der jung vermählten Gattin die verspannten Muskeln liebevoll massieren lassen.

Doch was passiert und treibt Ihnen die Zornesmorgenröte ins Antlitz? Der Moloch Fernsprechgerät, kurz Telefon genannt, schleudert Ihnen sein grässliches Bimmeln ins eh schon vom Tinitus geschädigte Ohr und reißt Sie jäh aus sämtlichen verfrühten Feierabend-Sehnsüchten. Oh, wie Sie dieses verdammte Geräusch verfluchen. Sämtliche Nervenstränge massakrierend, wie beim Betreten einer Disco mit Heavy Metal-Gekreische.

Wenn es dann gar nicht mehr auszuhalten ist, fassen Sie diese Erfindung des Satans vorsichtig mit zwei Fingern an wie das Taschentuch eines Tuberkulosekranken und melden sich mit vor gebremster Wut bebender Stimme: „Baumann, LKA Stuttgart, seit gestern im Wochenende!".

Und was schallt Ihnen voll strahlendster Laune entgegen?

„Hallo, Steff, allerliebster Kriminaldirektor und

Schrecken aller schwäbischen Gangster! Noch nicht zu Hause? Na prima, ich warte nämlich in der Bergschänke vom Salzbergwerk Kochendorf sehnsüchtig auf deine Erscheinung. Deine werte Angetraute, die schönste Blume des Vorderen Orients, ist übrigens auch schon alarmiert. Ich brauche dich einfach, du hast die Ortskenntnis und den goldenen Stern der Besoldungsgruppe A 15 auf der Schulterklappe. Schließlich bist du in Bad Friedrichshall aufgewachsen und damit quasi ein Eingeborener. Also schwinge dich bitte in dein mickriges Cabrio und eile mit qualmenden Reifen über die A 81. Am besten ist es wohl, wenn du auch gleich noch zwei deiner Mitarbeiter, die Hauptkommissare Stankowski und Weigelt, zur Unterstützung mitbringst. Sherlock Holmes ging ja schließlich auch nie ohne seinen Doktor Watson aus dem Haus."

Wieder einmal hätte ich ihn mit bloßen Händen erwürgen können, meinen alten Spezi von der Polizeischule. Josef Holdermüller, von mir liebevoll „Sepp" genannt. Seines Zeichens Erster Hauptkommissar und Leiter des Dezernats Gewaltverbrechen bei der Kriminaldirektion Heilbronn.

Und nun muss ich vermutlich doch etwas ausholen für diejenigen Leser, die mich noch nicht von unserem gemeinsam erfolgreich abgeschlossenen Fall „Keine Gnade für Blondinen" kennen.

Ich war im vergangenen Sommer vom BKA Wiesbaden zur Unterstützung der Heilbronner Beamten zu diesem verzwickten Mordfall abgeordnet worden. Zu dem Ermittlerteam zählte auch die rassige

Kriminalmeisterin Sibel Ökücü – ein Bild von einer Frau mit gebräuntem Teint und makellosen Beinen bis zu den Achselhöhlen. Dazu die passende Figur, die Heidi Klum neidvoll in den sofortigen Suizid getrieben hätte. Und bereits nach ein paar Tagen geschah, was nun überhaupt nicht geplant war: Wir beide fuhren hemmungslos aufeinander ab und landeten nicht nur völlig losgelöst im Bett, sondern bald darauf auch auf dem Standesamt. Es war die berühmte Liebe auf den zweiten Blick in ihre nachtschwarzsamtenen Augen. So ähnlich muss es wohl sein, wenn man zum ersten Mal einen Sonnenuntergang am Schwarzen Meer bewundert.

Ich ließ mich daraufhin als frisch gebackener Kriminaldirektor zum Landeskriminalamt nach Stuttgart versetzen und mein glutäugiges Weibchen, inzwischen befördert zur Kriminalhauptmeisterin, motivierte weiterhin ihre männlichen Heilbronner Kollegen zu Höchstleistungen.

Wir fanden eine herrlich gelegene Wohnung in Lauffen am Neckar und liebten nicht nur die traumhafte Aussicht zum Fluss. Soviel zur Vorgeschichte.

Wenn jetzt sogar Sepp - dieser in vielen Schlachten erprobte Haudegen - nicht weiterwusste, dann war wirklich Mattei am Letzten. Und für mich war es mal wieder ein Heimspiel, back to the roots, wie man heute so schön sagt. Schließlich verbrachte ich ganz in der Nähe des Salzbergwerkes meine Jugend. Mein Vater arbeitete sein Leben lang als Schlosser- und Bohrmeister für diese Firma der Salzgewinnung; zuletzt auch unter Tage.

Für mich war es immer ein Highlight, wenn wir Besuch bekamen und ich dann als Fremdenführer mit in die Grube einfahren durfte. Ganz am Anfang machte mein Papa sogar noch zusätzlich Sonntagsdienst und ließ für die vielen Besucher den Förderkorb vom Maschinistenhaus aus 180 Meter in die Tiefe (rechts der Hebel für den Fahrbetrieb und links die Bremse). Ich brachte ihm immer das Mittagessen und beobachtete voll Bewunderung seine verantwortungsvolle Tätigkeit, denn schon die geringste Unaufmerksamkeit hätte eine Katastrophe ausgelöst.

Ich trommelte also die beiden LKA-Kollegen Stankowski und Weigelt zurück in unser Dienstgebäude. Zu meinem Erstaunen waren sie trotz Wochenende gar nicht so abgeneigt von dieser Dienstfahrt. Offensichtlich erinnerten sie sich gerne an unsere „Soko Weinstube" zurück, bei der sie mich und das Heilbronner Kripo-Team kennengelernt hatten und wir von der Familie Friedauer auf das Beste bewirtet wurden.

Am Haupttor des Bergwerkes wurden wir bereits vom Portier erwartet. Er geleitete uns drei Landeskriminaler zur Bergschänke, die unter der Woche den Beschäftigten als Kantine dient und an den Wochenenden zur Bewirtung der zahlreichen Tagestouristen vor oder nach der Schachteinfahrt.

Schon von weitem vernahm ich ein Organ, das zwar nicht melodiös, aber von der Lautstärke sehr an Enrico Caruso auf der Opernbühne von Verona erinnerte. Sepp Holdermüller war bereits in seinem Element. Er stand vor einem langen Tisch, an dem

Bergleute in Bergmannstracht, Mitglieder der Grubenwehr sowie einige Personen in salopper Freizeitkleidung saßen. An weiteren Tischen in einer Ecke hatten sich mindestens weitere dreißig Leute - Männer, Frauen und Kinder - versammelt. Als Sepp mich und die beiden LKA-Kollegen entdeckte, grunzte er zufrieden wie ein Hausschwein, dem man soeben den Futtertrog mit seinem Leib- und Magenfressen gefüllt hatte.

„Darf ich vorstellen", wandte er sich an die Sitzenden: „Kriminaldirektor Baumann vom LKA, besser bekannt unter seinem Pseudonym Eliot Ness des Schwabenlandes."

Ich trat auf ihn zu und versuchte ihn mit einem Fußfeger, den Judofreunden bekannt unter der Bezeichnung De-ashi-barai, von den Beinen zu holen. Aber der Schwarzgürtelträger konterte die so genannte „Bananenschale" und hieb mir mit seiner Pranke so liebevoll auf die rechte Schulter, dass ich mir ernsthaft vornahm, den lädierten Körperteil zu Hause von meinem Weibchen dick mit Voltaren Schmerzgel behandeln zu lassen.

„Mensch, Steff, wir brauchen dich hier! Das scheint hier allmählich wirklich zu einer Gegend für mysteriöse Fälle zu werden. Erst dieser raffinierte Giftmord an der jungen Blondine und nun das. Dabei haben wir ja diesmal noch gar kein Opfer. Und das ist genau der Punkt, der uns heftigstes Kopfzerbrechen bereitet. Denn eine Person hat sich anscheinend in Luft aufgelöst.

Reinhard Brenner, 47 Jahre alt und Mitglied des Kegelclubs „Hau ihn um!" aus Kernen im Remstal ist zwar mit seinen Kumpels zur Besichtigung unter Tage eingefahren, aber als sie sich wieder am Förderkorb zur Ausfahrt versammeln wollten, fehlte er.

Natürlich suchten sie alle Wege ab, die sie vorher gemeinsam gegangen waren und alarmierten auch das Aufsichtspersonal. Nichts! Reinhard Brenner ist im wahrsten Sinne des Wortes spurlos verschwunden. Die verbliebenen und hier versammelten sieben Kegelbrüder sind absolut ratlos - und wir sind es ehrlich gesagt auch.

Sein letztes Lebenszeichen war, dass er den vor dem Eingang zum Kuppelsaal stationierten Bergmann nach einer Toilette fragte, der ihm daraufhin den Weg wies. Die anderen Kegler waren inzwischen vorausgegangen und hatten ihn dadurch aus den Augen verloren.

Kriminalmeister Wegner, der offiziell ernannte Witzbold des Heilbronner Dezernates konnte sich bei allem Ernst der Situation die Bemerkung nicht verkneifen: „Wird deine Blase dir zur Plage, geh niemals pinkeln unter Tage."

Und die mir angetraute Kollegin Sibel Baumann geborene Ökücü konnte es sich trotz meinem verzweifelten Blick nicht versagen, noch einen draufzusetzen: "Doch warte damit nicht zu lange, sonst wird geschädigt deine Stange."

Jetzt wurde es selbst dem hart gesottenen Sepp Holdermüller zuviel und er blaffte gereizt: „Ist ja schon gut, Kinder, aber wir sind hier nicht auf einer Spaßveranstaltung. Wir haben es hier mit einer vermissten Person zu tun. Verheiratet, zwei Kinder. Was, glaubt ihr, sollen denn die Kegelbrüder Brenners

Familie erzählen? Sollen sie etwa sagen: „Reinhard ist auf Nimmerwiedersehen ausgetreten"?

Dieser Kalauer veranlasste KM Wegner zu einem letzten Versuch: „Meine geliebte Mama hat immer gesagt: Zu viel Salz ist ungesund, mein Junge!" Aber niemand war es zum Lachen zumute. Jeder von uns dachte wohl dasselbe: Da ist etwas oberfaul! Der Mann muss doch zu finden sein. Schließlich ist der Rundweg für die Besichtigung klar vorgegeben. Alle anderen Stollen sind gesperrt und an allen Abzweigungen sitzt ein Aufseher, der darüber wacht, dass ja niemand vom rechten Weg abkommt und verloren geht.

Der ebenfalls anwesende Betriebsleiter Unter Tage namens Heinz Wagner meldete sich nun zu Wort. „Wir haben natürlich sofort, nachdem dem Anschläger am Förderkorb das Fehlen von Herrn Brenner gemeldet wurde, alle Besucher, die noch anwesend waren – bereits ausgefahren oder auch noch unter Tage – gebeten, sich zu unserer Verfügung zu halten und etwaige Auffälligkeiten mitzuteilen. An den Samstagen ist ja nicht ganz so viel Betrieb wie voraussichtlich am morgigen Sonntag und wir stehen im Mai auch noch am Beginn der Saison.

Einer der Kegelbrüder von Herrn Brenner, hier der Herr Pfleiderer, hatte zufällig ein Gruppenfoto der Clubmitglieder im Portemonnaie. Aber niemand, außer unserem Bergmann Huber, den er nach der Toilette fragte, kann sich an Herrn Brenner erinnern. Seine Spuren verlieren sich buchstäblich im Salz. Das reinste Sodom und Gomorrha.

Wir haben auch sofort die Einfahrten für heute gestoppt; begründet haben wir es mit einem technischen Defekt. Inzwischen riefen wir auch alle erreichbaren Kollegen von der Grubenwehr zum Einsatz. Zehn Mann durchsuchen bereits alle dem Publikum zugänglichen Stollen, schauen in jede Ecke. Und da unsere Leute sich hier unten so gut auskennen wie im eigenen Wohnzimmer, bin ich sehr zuversichtlich, dass Herr Brenner schnell gefunden wird. Ich kann es mir wirklich nur so erklären, dass er nach der Rückkehr von der Toilette nicht direkt weiter zum Kuppelsaal gegangen ist, sondern in die andere Richtung, dabei die Orientierung verloren und sich irgendwie in der Dunkelheit verlaufen hat."

„Oder aber, es hat ihm jemand aufgelauert und ihn regelrecht verschleppt. Aber dieser Jemand muss sich hier unten sehr gut auskennen. Er müsste eine Stelle ausgekundschaftet haben, wo man jemand auf Dauer vergraben kann, ohne dass Beschäftigte irgendwann über ihn stolpern. Was meinen Sie, Herr Wagner, besteht eine solche Möglichkeit?", wandte sich Sepp Holdermüller an den Betriebsleiter.

„Ich kann es mir eigentlich nicht vorstellen. Derjenige müsste sich wirklich vorab genau informiert haben, wo die still gelegten Abbaustrecken liegen und wie man dorthin kommt. Zudem ist es seitab von den Besucherwegen ja stockdunkel. Gut, mit einer Grubenlampe würde man hier unten nicht auffallen, aber über eine Taschen- oder Stirnlampe würde sich jeder der Bergleute bestimmt wundern."

„Wir kommen im Moment so wohl nicht weiter", meinte Sepp und schaute mich an. „Was schlägst du vor, Steff? Ich ernenne dich hiermit wieder zum Herrn des Verfahrens und ich hoffe, du bist dir der Ehre bewusst."

Nebenbei hatte ich auch bereits die anderen Kollegen der Heilbronner Kriminaldirektion begrüßt: Kriminalhauptmeister Jakobs sowie die Kriminalkommissare Blaumann und Müller 2 alias Schimanski. So genannt, weil er seinem Tatortidol nicht nur optisch nachzueifern versuchte. Alle nickten mir freundlich zu und Müller 2 brachte zum Ausdruck, was wohl auch Jogi Löw an dieser Stelle sagen würde: „Jetzt kann eigentlich nichts mehr schiefgehen. Im Team sind wir höggschd unschlagbar!"

„Danke für die Blumen, Kollegen. Doch nun ans Eingemachte. Wir bilden am besten Gruppen von jeweils zwei bis drei Mann und beginnen mit der gezielten Befragung aller Anwesenden. Herr Wagner, können Sie uns dafür ein paar Räume zur Verfügung stellen? Die Schaltzentrale würde ich gerne hier in der Bergschänke belassen."

„Kein Problem, Herr Baumann", meinte der Betriebsleiter. „Die Büros im Hauptgebäude sind ja heute sowieso verwaist. Sie können sich dort gerne häuslich einrichten und auch über sämtliche Geräte wie Fax, Telefone, PCs bis hin zur Kaffeemaschine usw. verfügen".

„Super und vielen Dank. Also, Sibel, du kannst ja dann schon mal deines Amtes walten und uns einen guten Kaffee kochen", meinte ihr Chef Holdermüller.

„Eigentlich wollte ich ja mit dem Herrn Kriminal-direktor zusammen eine Ermittlungsgruppe bilden und die im Dunkeln verborgenen Stollen absuchen. Oder etwaige Zeugen eindringlich vernehmen. Sie wissen ja, Boss, dass meinen Vernehmungsmethoden keiner widerstehen kann", sagte Sibel mit ihrem unnachahmlich unschuldigen Augenaufschlag.

Wieder einmal setzte Sepp Holdermüller sein breites Grinsen auf. Und wenn ich sage „breit", so heißt das, dass sich seine Mundwinkel von einem Ohr zum anderen dehnen. Auf der Stelle könnte ich mich dann mit ihm auf grausamste Art duellieren, zum Beispiel mit handgeschmiedeten Schaschlikspießen.

„Das könnte dir so passen, Täubchen. Dich mit Steff in irgendeiner dunklen Ecke herumdrücken. Bis heute Abend wirst du deine Lustgefühle ja wohl noch zügeln können. Und auf deine sogenannten Verhörtaktiken, von wegen mit Minirock auf der Schreibtischkante sitzen usw. wollen wir heute auch verzichten. Steff, ich schlage vor, dass du zusammen mit Müller 2 und Hauptmeister Jakobs nochmals die Kegelbrüder des Vermissten ausquetscht. Die Kollegen Wegner, Blaumann, Weigelt und Sibel könnten sich um die noch anwesenden Touristen kümmern. Anhand der verkauften Eintrittskarten lässt sich rekonstruieren, dass uns leider siebenundzwanzig Besucher durch die Lappen gegangen sind; sie haben bereits den Heimweg angetreten. An einen Teil dieser Leute kommen wir bei Bedarf höchstens noch über einen Rundfunkaufruf heran. Aber das sollten wir erst tun, wenn wir wissen, ob beziehungsweise was wirklich vorgefallen ist. Bis jetzt handelt es sich ja quasi nur um einen „Vermisstenfall".

Kollege Stankowski sollte mich im *Lagezentrum* hier in der Bergschänke unterstützen, um eventuelle Ergebnisse zu koordinieren und auszuwerten. Wir möchten uns auch nochmals mit den Bergleuten unterhalten, die heute an verschiedensten Stellen Dienst tun. Auch die beiden Angestellten vom Souvenir-Shop im Kuppelsaal will ich befragen. Jetzt brauchen wir nur noch einen passenden Namen für unsere Sonderkommission.

Natürlich meldete sich sofort, wie konnte es auch anders sein, Kollege Wegner zu Wort. „Wie wäre es mit Schicht im Schacht, Chef?"

„Wegner, jede Zigeunerin wird es dir mühelos aus der Hand lesen: Mit dir wird es noch einmal ein schlimmes Ende nehmen. Und mit wahrer Wollust werden wir dann alle gemeinsam den Täter suchen. Aber okay, ab sofort fungieren wir unter Schicht im Schacht."

„Also legen wir los. Schimanski und Kollege Jakobs, quasi als Ermittler z.b.V. (zur besonderen Verwendung), falls irgendwo Not am Mann ist."

„Und was ist, wenn Not an der Frau ist?", drängelte sich mein vorlautes Weib dazwischen, indem sie ein unschuldiges Mona Lisa-Lächeln aufsetzte. Aber als sie mein heftiges Zähneknirschen hörte, schwieg sie ganz schnell.

„Bitte vorerst auch keine Hinweise an die Medien, solange wir nichts Konkretes in der Hand haben", fügte ich hinzu. „Das wird wohl auch im Interesse der Salzwerke sein."

„Vielen Dank, Herr Baumann", bestätigte Betriebsleiter Wagner. Wir möchten natürlich auch so schnell als möglich wieder das Bergwerk für die Besucher öffnen."

„Das hängt davon ab, ob und wann wir mit unserer Suche Erfolg haben. Sepp, was meinst du, macht es Sinn, die Polizeihundestaffel in Offenau zu alarmieren und einen ihrer vierbeinigen Schnüffler anzufordern?"

„Ich habe bereits mit dem dortigen *Zoo-Direktor* telefoniert", witzelte der Dezernats-Chef. „Aber er sieht angesichts der stark salzhaltigen Luft und der von den vielen Besuchern hinterlassenen *Spuren* keine große Aussicht auf Erfolg für unsere bellenden Spürnasen.

„Okay, dann an die Arbeit! Verdammt, der Mann muss doch zu finden sein. Der kann sich doch nicht in Salz aufgelöst haben!"

Die Mitglieder der Sonderkommission schwärmten aus. Schimanski, Jakobs und ich setzten uns zu den Kegelbrüdern in eine ruhige Ecke.

„Das gibt's doch nicht. Da machen wir unseren jährlichen Kegelausflug und unser bester Mann verdrückt sich klammheimlich. Ich versteh das einfach nicht." Meinrad Hämmerle, so hieß der Clubkamerad des Verschwundenen, schaute fragend in die Runde seiner Kegelbrüder. „Habt ihr eine Idee, was da gelaufen sein könnte? Der Reinhard ist doch nicht so blöd, dass der sich hier unten verläuft. Oder, Entschuldigung, wer sollte ihn denn gar umbringen oder entführen?"

Die anderen nickten zustimmend. Nur einer davon namens Ewald Schultheiß drückste herum und sprach mich an: „Herr Ness, kann ich Sie kurz unter vier Augen sprechen. Mir kommt da so ein Gedanke."

„Der Herr Kriminaldirektor heißt nicht Ness, du Doofkopf, sondern Baumann. Und überhaupt, was hast du für Heimlichkeiten vor uns, Ewald?" mokierte sich Kamerad Hämmerle.

„Lassen Sie´s gut sein, Herr Hämmerle", sagte ich und bat den Ewald Schultheiß beiseite.

„Ich will ja nicht petzen Herr Baumann und es ist auch nur so eine Idee. Ich möchte allerdings aus bestimmtem Grund nicht vor den anderen darüber sprechen. Sie kennen ja sicher auch den Witz, wie einer zu seinem Kumpel sagt: „Du gehst doch jede Woche freitags zur Volkshochschule. Da weißt du bestimmt, wer Ludwig van Beethoven war?" „Natürlich", antwortet der Freund, „ein berühmter Komponist."

„Richtig, und weißt du auch, wer Richard Müller ist? Nein? Genau das solltest du aber wissen. Das ist nämlich der Macker, der immer freitags dein treues Weib besteigt, wenn du bei der Volkshochschule bist!"

„Wollen Sie damit etwa sagen, dass der Verschwundene eine Affäre hat?"

„Genau das vermute ich, Herr Baumann. Ein Arbeitskollege von mir hat beim letzten Betriebsfest nach dem fünften Weizenbier damit geprahlt, dass er sich immer am Kegelabend mit Annemarie - der Frau vom Reinhard Brenner - heimlich trifft. Er ist überzeugter Junggeselle und dazu hin italienischer Paparazzo mit sturmfreier Bude. Die Annamaria - so nannte er sie - sei ein rattengeiles Weib und bei ihrem Angetrauten sexuell nicht gerade ausgelastet. Sie wolle ihn deshalb verlassen, befürchtet aber, dass er total ausrastet, wenn er es erfährt. Was wäre nun, wenn Reinhard es bereits weiß?"

„Das wäre allerdings ein Motiv für einen Suizid-Versuch. An etwas anderes wollen wir ja gar nicht denken. Oder meinen Sie etwa, die Frau Brenner oder ihr Freizeitcasanova könnten einen Killer beauftragt haben? Sie sehen wohl zuviel Tatort-Krimis, Herr Schultheiß?"

„Ich weiß, es ist auf den ersten Blick der reinste Horror, Herr Baumann. Andererseits, was wäre, wenn unter den bereits ausgefahrenen Besuchern wirklich einer war, der unserem Kegelbruder ans Leder ging, als er mal kurz beim Pinkeln war? Danach hat er ihn an einem Platz abgelegt, der von niemandem mehr frequentiert wird und ist in aller Ruhe wieder ausgefahren."

„Donnerwetter, Sie könnten Drehbuchautor werden, Herr Schultheiß", entfuhr es mir. „Aber so dumm ist es durchaus gar nicht, was Sie sagen. Wenn Sie mir verraten, wie Ihr Arbeitskollege heißt und wo er wohnt, schicken wir gleich mal eine Streife hin. Sie sollen unter irgendeinem vorgeschobenen Grund fragen, wo er heute Nachmittag war."

„Na, hast du ein Geständnis abgelegt?", wurde Ewald Schultheiß wieder grinsend empfangen.

„Nein, aber euer Kegelbruder hat mir eine wichtige Mitteilung gemacht, die uns eventuell weiterhelfen könnte", versuchte ich die Sache herunterzuwiegeln, ohne Näheres zu verraten. „Und nun möchte ich Sie bitten, meinen Kollegen Ihre persönlichen Daten zu hinterlassen und wie wir Sie jederzeit erreichen können. Danach können Sie nach Hause fahren. Wer von Ihnen möchte die Familie von Herrn Brenner über den momentanen Stand informieren? Ich fände es wirklich besser, wenn jemand von ihnen dies übernimmt; wenn die Polizei erscheint, liegt gleich die Befürchtung nahe, dass etwas Schlimmes passiert sein muss. Und so weit sind wir ja zum Glück noch nicht."

„Ich schlage vor, dass wir alle zusammen zu der Annemie gehen", meinte Meinrad Hämmerle. Schließlich sind wir ja auch sonst eine verschworene Gemeinschaft". Damit waren alle einverstanden und Müller 2 nahm zusammen mit KHM Jakobs noch rasch ihre Personalien auf.

Wegner, Blaumann, Weigelt und Sibel hatten die zurückgehaltenen Besucher in vier Grüppchen eingeteilt und befragten sie nochmals anhand von Reinhard Brenners Foto. Aber niemand konnte sich an ihn erinnern. Wenn überhaupt, war ihnen eine froh gestimmte Truppe aufgefallen. Wer würde auch schon auf die verrückte Idee kommen, sich fremde Gesichter einzuprägen? Zudem ist es ja an den meisten Stellen auf dem Rundgang absichtlich relativ dunkel, um die Illuminationen buchstäblich ins rechte Licht zu setzen. Dann die ganzen neuen Eindrücke, die es zu bestaunen gab, die Info-Würfel, eine Präsentation der unter Tage eingesetzten Arbeitsgeräte samt Pseudo-Sprengung, die Dinosaurier-Ausstellung und vor allem auch die Ausstellung über die Zwangsarbeiter des Dritten Reiches „Vernichtung durch Arbeit". Den beeindruckenden Festsaal und natürlich den kunstvoll aus dem Steinsalz gehauenen Kuppelsaal samt Skulpturen und Rutschbahn.

Nein, das Ergebnis dieser Befragung war gleich Null, obwohl sich alle Anwesenden die größte Mühe gaben, sich an irgendwelche Auffälligkeiten zu erinnern. Schließlich spielt man ja nicht alle Tage zumindest eine Nebenrolle in einem etwaigen Kriminalfall.

Inzwischen war am Wohnsitz des Vermissten eine Streife zur Wohnung von Annemarie Brenners „Liebhaber i.V." namens Luigi Amoretto gefahren, um ihn zu befragen. Er gab sofort zu, „mit die bella bionda Annamaria" große Liebe zu haben. Allerdings verbrachte er die fraglichen Stunden des Verschwindens von Brenner im Fitness-Studio, um „seine Body für dolce Signorinas zu Stahl zu machen". Dafür gab es tatsächlich genügend Zeugen, sodass diese Spur ins Leere ging. Der Gigolo wollte sich sofort auf die Socken machen, um Annamaria „mit all seine Körper zu trösten", aber das wurde ihm strikt verboten. Denn die Mitteilung, dass ihr Gemahl eine Schachteinfahrt ohne Wiederkehr angetreten hatte, sollten ja – wie abgesprochen – die Kegelbrüder übernehmen.

Sepp Holdermüller und KHK Stankowski hatten sich mittlerweile in der Kommandozentrale zu den komplett anwesenden Bergleuten gesetzt, die an diesem Tag an irgendeiner Stelle Dienst taten. Sogar das Kassenpersonal für die Eintrittskarten war gekommen. Aber auch hier: Fehlanzeige!

Müller 2, Jakobs und ich wollten uns einen Gesamtüberblick zum aktuellen Stand der Salzgewinnung und -verarbeitung im Kochendorfer Bergwerk sowie das unterirdische Stollensystem verschaffen. Dafür war Herr Wagner als Betriebsführer Unter Tage der richtige Mann. Unterstützt wurde er jetzt auch noch durch den Steiger Bronowsky, was in anderen Firmen in etwa dem Sicherheitsingenieur entspricht. In Wagners Büro waren wir ungestört.

„Lassen Sie mich etwas ausholen, meine Herren", begann er. „Die Bergbehörde ordnete bereits im Jahr 1992 an, die gesamte Grube Kochendorf zu verfüllen - bergmännisch heißt das „versetzen", um etwaige Absenkungen an der Oberfläche zu vermeiden. Im Klartext: Man beschloss, sowohl aus finanziellen als auch aus Sicherheitsgründen, alle abgebauten Kammern mit Sondermüll zu verfüllen. Die Salzgewinnung im Bergwerk wurde in vollem Umfang eingestellt.

Dass sich die Mülleinlagerung für die eigens gegründete Tochtergesellschaft „Umwelt, Entsorgung und Verwertung" lohnt, also richtig Kohle abwirft, sieht man daran, dass die Salzwerke Heilbronn und Kochendorf in der Entsorgungssparte im Jahr 2010 über 35 Mio Euro, beim Salzverkauf vergleichsweise zirka 52 Mio Euro umsetzten.

Die Salzbergwerke Heilbronn und Kochendorf sind seit dem Jahr 2010 unter Tage durch einen 4,3 Kilometer langen Schacht miteinander verbunden. In dem Stollensystem (550 km lang) werden in Kochendorf die ascheartigen Abfälle zur Verfestigung mit Wasser und Bindemittel gemischt und in weiße Säcke, sogenannte Big Bags verpackt. Nicht nur die Filterstäube aus Müllverbrennungsanlagen, sondern auch Bauschutt, Gießereisand usw. kommen so zum Versatz.

Die Abfälle sind in den Big Bags betonähnlich verfestigt und können tonnenschweren Lasten standhalten. Die Abfallgebinde sind dicht an dicht aufeinander gestapelt, sodass sich in 180 Meter Tiefe dadurch ein stabiles Gewölbe ausgebildet hat. Langfristig können die Kammerhohlräume sogar zuwachsen, also die Abfälle vom Salz am Ende vollständig eingeschlossen werden. Laufende (auch geotechnische) Messungen sollen sicherstellen, dass sich an der Oberfläche keine gravierenden Absenkungen ergeben. (1*)

So, meine Herren. Ich hoffe, mein Vortrag hat Sie nicht zu sehr gelangweilt. Aber Sie sollen ja die Zusammenhänge und Probleme kennen, die uns tagtäglich beschäftigen."

„Im Gegenteil, Herr Wagner. Das war sehr informativ und wirft unter Umständen neue Fragen auf, wie der Vermisste innerhalb kurzer Zeit spurlos verschwinden konnte", bedankte ich mich beim Betriebsleiter. „Danach wäre es also gar nicht so hirnrissig, dass Herr Brenner irgendwo auf der Strecke zwischen Kochendorf und Heilbronn verschütt ging?"

„Allmählich kann ich eine solche Möglichkeit auch nicht mehr ausschließen. Die Frage ist für mich dann allerdings, wie der Besucher dorthin gelangt sein könnte."

„Immerhin wird samstags ja während der Schachteinfahrt nicht gearbeitet", warf KHM Jakobs ein. „Und wenn man bedenkt, dass hier unten ein Stollensystem von aneinander gereiht mehr als 500 km besteht, könnte man schon auf dumme Gedanken kommen."

„Reinhard Brenner könnte sich also sowohl in eine dunkle Ecke verkrochen haben, um mittels Medikamenten oder auf andere Art seinem Leben ein Ende zu bereiten. Oder aber – und das halte ich für wahrscheinlicher – er wurde von einem Dritten nach dem Toilettengang gezwungen, ihm zu folgen. Vielleicht wurde er auch unter einem stichhaltigen Vorwand in eine entlegene Kammer gelockt. In diesem Fall müsste sich diese Person aber schon vorher über die Örtlichkeiten genauestens kundig gemacht haben, indem sie allein aus diesem Grund bereits früher die Besichtigungstour unternahm. Oder sie hat Kenntnisse von Berufs wegen, also ein Auftrags-Killer mit Insiderwissen."

„Ganz recht, Herr Baumann", mischte sich Steiger Bronowsky ein. Wenn der Gesuchte in einem Stollen hinter Big Bags versteckt und quasi einbetoniert wurde, ist es fast ein Ding der Unmöglichkeit, dass er jemals wieder auftaucht."

„Ich glaube, wir sollten uns jetzt wieder im Hauptquartier zum Meinungsaustausch melden", beendete ich danach resigniert unser Gespräch.

In der Bergschänke hatten sich auch nach der Befragung aller Anwesenden keine neuen Erkenntnisse ergeben. Lediglich der Bergmann Huber konnte sich nun doch erinnern, dass er den

Gesuchten nach dem Verlassen der Toilette im Gespräch mit einem anderen Mann sah. Wegen der räumlichen Entfernung und der schummrigen Beleuchtung war ihm eine Personenbeschreibung jedoch absolut unmöglich.

„Ich glaube, es hat keinen Sinn mehr, heute weitere Ermittlungen anzustellen", meinte Sepp Holdermüller auch in meinem Sinne. „Herr Wagner, schicken Sie bitte die Bergwerksbesucher und Ihre Mitarbeiter nach Hause. Ich habe auch keine Bedenken, wenn Sie das Bergwerk morgen wieder für die Einfahrt öffnen. Unter Tage irgendwelche Spuren zu finden, dürfte aussichtslos sein und Ihre Aufsichtscrew wechselt ja sowieso."

„Mit Informationen an die regionale Presse sollten wir wenigstens so lange zuwarten, bis die Angehörigen unterrichtet sind", ergänzte ich. „Sonst wimmelt es hier morgen von Boulevardblättchen-Schreiberlingen und auf dicke BILD-Überschriften können wir wahrlich verzichten."

„Nach diesen samstäglichen Überstunden hätten wir eigentlich ein bisschen Entspannung verdient", verkündete Sepp. „Ich habe mir daher erlaubt, das Nebenzimmer der Weinstube Friedauer für uns zu reservieren. Ein Imbiss in gewohnter Qualität samt flüssiger Nahrung steht dort für uns bereit; die Friedauers haben extra ein Schwein geschlachtet. Nebenbei können wir ja noch ein bisschen fachsimpeln. Für unseren Eliot Ness und seine LKA-Greifer habe ich auch bereits im Hotel Am Eck Zimmer reservieren lassen. Ich hoffe, es ist euch recht so."

„Au fein. Da kehre ich ja an den Ort zurück, an dem ich meiner lange gehüteten Unschuld beraubt wurde", offenbarte die mir angetraute Kollegin Sibel Baumann und klatschte vor Begeisterung in die Hände. Ich brauchte meinen Spezi Holdermüller gar nicht anschauen. Ich wusste auch so, dass sich sein rechtes Ohr grinsenderweise mit dem linken vereinte. Doch auch die anderen Kollegen mussten nicht überredet werden, den stressigen Tag in dieser Runde ausklingen zu lassen.

In der Weinstube wurden wir bereits von Familie Friedauer erwartet. Seniorchef Karl empfing uns mit den herzlichen Worten: „Muss denn hier am Ort unbedingt etwas passieren, damit wir Sie wieder begrüßen dürfen? Dabei hätten wir absolut nichts dagegen, Sie zu unseren Stammgästen zählen zu können. Was ist es denn diesmal?"

Wir überließen unserem Spaßvogel Wegner die passende Antwort. „Sie kennen doch sicher das bekannte Kinderlied, das ich hiermit etwas aktualisiere: Männchen in der Grube saß und schlief. Bitte behalten Sie es vorläufig noch für sich, aber in 180 Meter Tiefe wird ein Besucher des Bergwerks vermisst. Und auch diesmal wieder keinerlei Spuren. Sonst wäre ja auch Herr Baumann, unser Spezialist vom LKA, nicht zu Hilfe geeilt. Aber anscheinend schlägt sich auch bei ihm der hohe Salzgehalt unter Tage auf die Spürnase."

„Na, dann spülen Sie sich mal die ausgetrocknete Kehle mit ein paar Gläschen Wein frei und unsere berühmten Mini-Schnitzel über zwei Teller braten auch schon in der Pfanne", sagte Christel Friedauer, die sich kurz aus der Küche gestohlen hatte. Auf den Tischen standen bereits ein paar Flaschen Wein, vom schwäbischen Nationalgetränk bis zum lieblichen Rosé.

Jeder hing seinen Gedanken nach. Sepp Holdermüller war es, der nach der kräftigen Mahlzeit aussprach, was alle dachten: „Wie machen wir morgen weiter? Haben wir überhaupt eine Chance, wenn selbst die Untertageprofis das Handtuch ins Salz werfen? Ich schlage vor, wir bleiben am Sonntag trotzdem nochmals vor Ort, verlegen unseren Gefechtsstand in die Verwaltungsbüros und warten ab, ob aus der Heimatgemeinde des Reinhard Brenner irgendwelche verwertbaren Ergebnisse eintreffen. Verdammt, was ist das für eine blöde Situation! Wir suchen geradezu händeringend ein Opfer und hoffen gleichzeitig, dass wir keines finden. Wenn ich mir vorstelle, dass jemand da unten einen Menschen eingepökelt hat…“

„Ich bin ganz deiner Meinung, Sepp“, sagte ich. „Morgen müssen wir wohl auch die Presse einweihen. Ganz wohl ist mir dabei nicht, denn es könnte ja Trittbrettfahrer erst auf die glorreiche Idee bringen, einen unerwünschten Konkurrenten als Sondermüll auf Nimmerwiedersehen in irgendeinem Stollen zu entsorgen oder – besser gesagt – zwischen Big Bags zur Salzsäule erstarren zu lassen. Außerdem wird man wieder auf die unfähige Polizei eindreschen, die noch nicht mal einen ausgebüchsten gehörnten Ehemann aufspüren kann. Es ist absolut unbefriedigend.“

Ich sah es Sibel an, was kommen würde, aber verhindern konnte ich es nicht. „Dann könnten wir ja endlich zum befriedigenden Teil des Abends übergehen. Stefan, kommst du? Ich bin ja so erschöpft."

Und wäre Sepp Holdermüller nicht unser liebenswerter Trauzeuge gewesen, hätte ich ihn ob seines schamlosen Grinsens wieder einmal am Hals gepackt. Sibel und ich nahmen die beiden Stuttgarter Kollegen mit zum Hotel am Eck und ließen in dieser Nacht herrliche Erinnerungen wieder aufleben.

Der nächste Tag verlief ohne jegliche Resultate, die zur Aufklärung beitragen konnten. Reinhard Brenner blieb trotz nochmaliger Suche verschollen. KHM Jakobs und Schimanski bezogen ein Büro im Verwaltungsgebäude; sie sollten die Soko Schicht im Schacht noch für eine Woche weiterführen. Als sich auch in dieser Zeit nichts mehr tat, wurde sie aufgelöst und die Akte zierte bis auf weiteres der Stempel „Unerledigt".

Reinhard Brenner ist bis heute nicht mehr aus der Tiefe aufgetaucht. Seine trauernde Witwe auf Probe namens Annemie „beziehungsweise" Annamaria aber ergab sich fortan verstärkt den handgreiflichen Bemühungen ihres körperlich belastbaren Bodybuilders Luigi Amoretto.

1*) Zitate aus Presse-Veröffentlichungen in der Stuttgarter Zeitung etc.

Liebe Grüße vom Humpelstilzchen

Das rote Lämpchen neben der kleinen Hausbar blinkte aufgeregt. Oh je, das hieß nichts Gutes oder - wie im speziellen Fall - Arbeit. An den letzten Faschingsabenden sind traditionell Aggressive und Jünglinge unterwegs, die sich die letzten Hemmungen mittels E-Drinks wegspülen; manche unterstützen dies womöglich noch kräftig mit einer Party-Pille.

Bully Obrischowsky fungiert als Zuhälter und Aufpasser zugleich und ist Herr über drei Damen, die ihren Liebreiz samt Körper „in privater Atmosphäre" ab 50 Euro aufwärts an willige und solvente Vertreter des männlichen Geschlechts anbieten. In den angemieteten Zimmern in einem Altbau des Heilbronner Industriegebiets herrscht zu Hochsaisonzeiten reger Verkehr in allen Variationen.

Die blonde Ludmilla aus der Ukraine, die rothaarige Lulu aus Polen und die rassige Carmen aus Spanien (in Wirklichkeit stammt sie aus Köln) versprühen ihren Charme im Halbstundentakt.

Immer wieder kommt es vor, dass Freier nicht bezahlen wollen (oder können), mit den Diensten der Damen aus irgendwelchen Gründen nicht einverstanden sind und deshalb handgreiflich werden. Für diesen Fall der Fälle können die Betreuerinnen in allen Lebenslagen einen Notrufknopf drücken. Und genau dies war jetzt der Fall. Anscheinend gab es bei Ludmilla Ärger. Die belastbare Liebesdienerin mit dem harten Akzent wurde wegen ihrer langen, wallenden blonden Haare gerne auch Schneeflittchen gerufen.

Ausgerechnet jetzt, wo Deutschland mal wieder in der Endausscheidung bei RTL händeringend nach dem Superstar suchte und Bully sich gerade eine neue Flasche Warsteiner geöffnet hatte, musste ihn so ein Wichser auf Abwegen stören. Er griff nach seinen Utensilien (Pfefferspray und Schlagstock), stürzte die Treppe hinunter und eilte zu Zimmer Nummer zwo. Als er die Türe aufriss, lag Ludmilla alleine auf der Rammelwiese. Allerdings sah sie nicht mehr ganz so neu aus wie vorher. Und ihr Stöhnen hatte beileibe nichts mit Lust zu tun. Aus einem tiefen Schnitt auf der linken Wange verteilte sich der rote Lebenssaft auf dem Laken und offensichtlich hatte sie der Kunde auch etwas unsanft am Hals berührt.

„Diese Sau", radebrechte Ludmilla mit vor Zorn und Schmerz bebender Stimme. „Der konnte ja gar nicht und darum hat er auch nicht bezahlt. Und dann macht er auch noch die Fliege, nachdem er mich in die Mangel genommen hatte. Ich konnte dich aber nicht früher anfunken, Bully, weil ich kurzzeitig weggetreten war."

„Ist schon gut, Schneeflittchen", versucht Bully sie zu beruhigen. „Jetzt ruf ich erstmal unseren Doc an, dass er dich verarztet. Mann, mit der Schramme hast du bestimmt ein paar Monate Verdienstausfall. Wenn ich den Typen erwische, mach ich Kebap aus ihm! Schließlich muss ich ja noch die letzten Raten an meinem Maserati Cabrio XXXLGTI abbezahlen."

„Vielleicht hilft es dir weiter, wenn ich dir sage, dass der Kerl auf einem Bein humpelte. Außerdem hatte er einen Buckel. Maximal 1,55 Meter groß und 57,2 Kilo schwer. Klar, dass der nicht auf normalem

Wege an `ne Braut rankommt. Und auch sonst scheint er nicht alle Döner im Picknickkorb zu haben. Er gab jedenfalls ein lächerliches Bild ab, als er nackt vor mir herumtanzte und grölte: „Ich komm von weit her aus den Bergen und bums Schneewittchen samt den Zwergen!"

„Immerhin kennt er sich mit Märchen aus", knirschte Bully anerkennend mit den Zähnen. „Aber so verblödet wird er wohl nicht sein, dass er hier nochmals auftaucht. Es wäre also reiner Zufall, wenn der uns irgendwo über den Weg hinkt. Verdammt, jetzt gehen auch noch perverse Märchenerzähler zu den Huren. Ich sag`s ja immer, dass wir allmählich in Germany einen totalen Werteverfall haben. Ich tu´s nicht gern, aber ich rufe einfach mal die Sitte an. Vielleicht führen die einen solchen Strolch in ihren Akten. Jetzt komm aber erst mal mit mir hoch und trink schon einen Klaren, bis der Doc erscheint und dich verklebt. Und dann mach mal ein paar Wochen Reha. Ich informiere auf jeden Fall auch gleich Lulu und Carmen, damit sie gewarnt sind, falls wieder einer der Gebrüder Grimm an der Tür klingelt.

Beim Sittendezernat der Heilbronner Kripo verschluckte sich der diensthabende Beamte erst mal am eigenen Lachen. „Mensch, Bully, du ziehst aber vielleicht Kunden an Land", gluckste Kriminalhauptmeister Schnabel-Wetzer. „Hast du etwa `ne neue Werbemasche für deine Pferdchen entworfen? Ne, dieser Märchenonkel muss tatsächlich von auswärts angereist sein. Vielleicht aus den dunklen, fernen Wäldern des Erzgebirges." Und schon brach es wieder aus ihm heraus.

„Halt deinen Lästerschnabel, sonst wird er dir irgendwann mal gewetzt", reagierte Bully leicht gekränkt.

„Schon gut, Bully, schön dass du uns informiert hast. Wir halten die Augen offen nach einem tanzenden und dabei hinkenden Mini-Männchen, das zu Fasching lästerliche Lieder singt und untaugliche Versuche unternimmt, bevorzugt Blondinen aus der Ukraine zu besteigen."

Die Ermittlungen liefen erwartungsgemäß ins Leere. Doch dann fand man zwei Wochen später auf der städtischen Mülldeponie - Abteilung Biomüll - die unbekleidete Leiche einer in Heilbronn ordnungsgemäß gemeldeten Gunstgewerblerin. Mit unübersehbaren Würgemalen am Hals und einem rasiermesserscharfen, tiefen Schnitt auf der linken Gesichtshälfte. Tödlich war jedoch der Schnitt, mit dem ihr der Mörder die Kehle durchtrennt hatte. Die Dame mit langen blonden Haaren war als ausgebildete Fachkraft erst vor kurzem aus Tschechien zugezogen. In der schlaffen linken Hand hielt sie einen Zettel, auf dem in flüchtiger Schrift hingekritzelt stand: „Liebe Grüße vom Humpelstilzchen!"

Als KHM Schnabel-Wetzer die interne Nachricht las, war er erstmal erleichtert. Durften sich doch nun die Kollegen vom Dezernat Kapitalverbrechen mit diesem perversen Typen herumschlagen. Aber er könnte ja dennoch im Wege der Amtshilfe dort mal einen Höflichkeitsbesuch abstatten. Denn letzten Endes frisst man doch aus demselben Trog.

Sauber, sauber!

Hans Hansmann hasste es, Wäsche zu waschen. Aber was blieb ihm anderes übrig, als Fachkraft im Gastgewerbe? Die Chefin des alteingesessenen Hotels „Gellmersbacher Hof" legte großen Wert darauf, dass ihr Küchen- und Service-Personal in stets sauberer Kleidung arbeitete. Das ist man den anspruchsvollen Gästen schließlich schuldig.

Natürlich konnte Hansmann nichts für seinen nicht gerade originellen Namen. Anscheinend war seinen Eltern trotz neunmonatiger Bedenkzeit nichts Passenderes eingefallen. Es konnte nicht ausbleiben, dass ihn die Kollegen deshalb liebevoll Hans-Hans riefen. Er hatte sich daran gewöhnt und da sie ein Super-Team waren, verzieh er es ihnen auch.

Er war mit seinen dreißig Jahren ein gestandenes Mannsbild und so war es geradezu vorprogammiert, dass er Damen jeden Alters und jeden Familienstandes auch außerhalb des Restaurants bestens bediente. Bisher ging auch alles gut und er wurde – bis auf ein einziges Mal – auch noch nie auf frischer Tat erwischt. Doch der Herr des Hauses hatte ihm nochmals großzügig verziehen und ihm sogar noch ein großzügiges Trinkgeld zugesteckt.

Hans-Hans liebte seine Freiheiten aller Art. Wenn nur nicht das blöde Wäschewaschen gewesen wäre. Vielleicht sollte er doch mal eine seiner Bett-Gespielinnen dafür dienstverpflichten? Aber die Damen suchten ausnahmslos nur ihr Vergnügen.

Also, es half nichts. Er musste auch diesmal wieder selber ran. Und so stopfte er weiße Oberhemden zu ebensolcher Unterwäsche, zog sich aus bis auf die Unterhose, füllte einen Messbecher Ariel in die Dosierkammer und wollte gerade die Trommel seiner Miele XXXXL schließen, als von hinten geräuschlos eine Gestalt an ihn herantrat und ihm die Hände schmerzhaft mit einem Kabelbinder auf den Rücken fesselte.

„Schau mich vorher noch mal an, du Dreckspatz!" giftete ihm der Mann mittleren Alters ins vor Furcht bleiche Gesicht. „Dieses Mal bist du zu weit gegangen, Hans-Hans. Was du mit anderen Tussis angestellt hast, geht mir am A…. vorbei. Aber von meiner Susi hättest du deine geilen Dreckpfoten und andere Körperteile besser lassen sollen. Deshalb werde ich dich jetzt reinwaschen. Für alle Zeiten." Damit schob und drückte er Hans-Hans in die Trommel und schloss sofort die Türe.

„Wir beginnen mit dem Schonwaschgang, dann steigern wir auf Kochwäsche, damit es dir schön warm wird und zum Schluss wird noch kräftig geschleudert. Und anschließend sagt kein Weib mehr zärtlich Hans-Hans zu dir, sondern lacht sich kaputt: Ha-ha.!"

Der Mann drückte auf den Startknopf und Hans-Hans war kräftig am Rotieren. Niemand hörte seine verzweifelten Hilferufe. Ausgerechnet jetzt, wo er eine seiner läufigen Verehrerinnen so dringend gebraucht hätte, war keine greifbar. Und so wurde er erst am nächsten Tag vermisst, als er nicht zur gewohnten Zeit zur Arbeit erschien.

Man fand ihn nach langer Suche schließlich im Badezimmer, wo an der Waschmaschine noch immer das grüne Betriebs-Lämpchen leuchtete. Aus der Trommel starrte den Kollegen ein begossener und schäumender Hans-Hans mit weit aufgerissenem Mund entgegen. Und als sie ihn endlich herausholten, war er so strahlend sauber wie das edle Hotel-Silber und seine Haut fühlte sich so zart an wie ein frisch eingecremter Kinderpopo.

Leider hatte er jedoch zu viel von dem Ariel-Waschpulver geschnupft und den Spülgang zu wörtlich genommen und so wurde der Gebleichte bei den weiblichen Hotelgästen von Stund an auf das Schmerzlichste vermisst.

Ein Männlein steht im Walde

Jeden Tag – pünktlich wie eine Eieruhr – führt die attraktive, schlanke Elke Baudermann ihre reinrassige Labrador-Lady im Neckarsulmer Plattenwald spazieren. Ihr blauschwarzes Haar glänzt mit dem Hundefell um die Wette.

Auch heute hatte sie um 16 Uhr ihre Wohnung im Amorbacher Spatzenweg verlassen, um bei herrlichstem Sonnenschein ihren Gedanken nachzuhängen. Wer würde wohl diesmal auf ihre Bekanntschaftsanzeige in der Tageszeitung antworten? Sie hatte es nach ihrer gescheiterten Ehe einfach satt, jeden Tag alleine mit Hund und Fernseher in der Wohnung herumzuhocken. Dabei war sie doch eine sehr attraktive, sportlich-schlanke Frau und eine sehr gute Tänzerin. Aber mit ihren 43 Jahren fühlte sie sich einfach zu alt für die Discos und zu jung für Seniorentanzveranstaltungen.

Sie verließ den gut frequentierten Hauptweg und folgte einem von Blumen und Grünpflanzen gesäumten Trampelpfad. Plötzlich fing ihre angeleinte Hundedame an zu knurren. Gleichzeitig trat hinter einem dichten Gebüsch ein Mann um die sechzig hervor. Kanariengelbes Polohemd, blaue Jeans. Akkurat gescheitelte Frisur. Dabei pfiff er leise den Jahrhunderthit La Paloma vor sich hin.

Nachdem sich Elke Baudermann halbwegs von ihrem ersten Schrecken erholt hatte, realisierte sie erst, dass ihr aus dem geöffneten Hosenschlitz des Mannes sein erigiertes Geschlechtsteil entgegenblinkte. Es verschlug ihr die Sprache. Sie hatte ja an sich nichts gegen das wichtigste männliche Körperorgan einzuwenden, aber bitte doch lieber zuhause im Bett und nur dann, wenn sie es selbst auswählen durfte. Also starrte sie nur hilflos auf den so freizügig zur Schau gestellten Zeugungsapparat und drehte sich angewidert um. Der Mann aber verstaute in aller Ruhe sein bestes Stück, schloss den Hosenladen und ging fröhlich pfeifend weiter.

Elke Baudermann meldete ihr Erlebnis mit einer genauen Beschreibung des Mannes bei der örtlichen Polizeidienststelle, wo man ihr aber gleich wenig Hoffnung machte, dass der Täter leicht zu fassen sei.

Ein paar Tage später - einem Mittwoch - drehte die zwanzigjährige Lena Hofstetter ihre gewohnten Joggingrunden auf dem schönen Parcours im Kocherwald. Es gehörte zu ihren Ritualen, dass sie sich gleich nach der Arbeit um 16 Uhr den täglichen Stress aus Leib und Seele lief. Als sie gerade an den Kletterstangen hing, kam ihr auf dem Waldweg ein Mann mit Trenchcoat und Hut entgegen, wobei er fröhlich den Gassenhauer *La Paloma* vor sich hin pfiff. Als er auf ihrer Höhe war, blieb er plötzlich stehen, wandte sich ihr zu und öffnete seinen Mantel. Verdutzt registrierte die junge Frau, dass er darunter völlig nackt war. Ob sie wollte oder nicht, sie musste auf seine Körpermitte starren. Mit einem seligen Lächeln fing der Mann daraufhin an zu onanieren. Inzwischen hatte sich Lena Hofstetter von ihrer Überraschung erholt. Sie war noch nie auf den Mund gefallen und so sagte sie mit einem schelmischen Lächeln zu dem Mann im Vorruhestandsalter: „Na, Oldie, auch fleißig am Trainieren?" Mit einer solch schnoddrigen Reaktion hatte der Exhibitionist wohl am wenigsten gerechnet. Rasch schloss er vor sich hinbruddelnd seinen Mantel und entfernte sich mit raschen Schritten in die andere Richtung. Lena erzählte ihre Story abends ihren Freundinnen, die daraufhin spontan beschlossen, sie bei den nächsten Joggingrunden zu begleiten. Diesen Spaß wollten sie sich auf keinen Fall entgehen lassen.

Waltraud Müller hatte Besuch von ihrer Jugendfreundin Martina Brenninghaus bekommen. „Mein Gott, Martina, wann haben wir uns denn das letzte Mal gesehen?"

„Es wird wohl dreißig Jahre her sein, Waldi", antwortete Martin und nahm sie liebevoll in den Arm. „Mädel, Mädel, was haben wir damals gemeinsam angestellt! Kein Jüngling war vor uns sicher." Sie scherzten und schwelgten in Erinnerungen, während sie am herrlich naturbelassenen Kocherufer entlang spazierten. Anschließend wollten sie im idyllischen Park-Café einkehren und sich einen Cappuccino gönnen.

So vertieft in ihre gemeinsamen Jugenderlebnisse, bemerkten sie erst im letzten Moment, dass hinter üppig wucherndem Gestrüpp ein Mann um die sechzig hervortrat. Zuerst vermuteten sie, dass er austreten war, zumal er fröhlich *La Paloma* pfiff. Erst als sie entdeckten, dass er die Hosen heruntergelassen hatte und auch keine

Anstalten machte, sie wieder hochzuziehen, ging ihre Vermutung in die richtige Richtung.

„Mensch, Waldi, das ist ein Perverser", gluckste Martina und konnte sich das Lachen kaum verkneifen. Wir bekommen hier ein Live-Event geboten, ganz ohne Eintrittskarte."

„Hey, Senior", sagte sie zu dem Exhibitionisten, „Sie können gerne am Montag in meine Urologie-Praxis kommen, dann schauen wir mal nach Ihrer Prostata. Mit allem Drum und Dran. Auch schön mit dem Mittelfinger durch den Hintereingang. Sprechzeiten 8 bis 12 Uhr."

Waltraud wollte Ihrer Freundin natürlich nicht nachstehen und fügte hinzu: „Och, mein Kleiner, hast du Pippi gemacht und bekommst dein Höschen nicht mehr alleine hoch? Komm her zu mir, Mami wird dir helfen und dann ziehen wir auch gleich eine frische Pampers an." Dann schwenkte ihre besorgte Stimme im nächsten Moment auf den forschen Befehlston eines Hauptfeldwebels der Bundeswehr um: „Still gestanden! Die Eier links! So, und jetzt Abmarsch, mein Lieber. Und statt La Paloma würde ich jetzt passenderweise den Trauermarsch aus La Traviata flöten!"

Die beiden Freundinnen wandten sich ab und schüttelten sich vor Lachen, während der Exhibitionist wie ein geprügelter Hund von dannen zog.

Von diesem Tag an hatte die einheimische Frauenwelt Ruhe vor diesem genitalen Freiluftakrobaten – ohne dass die Polizei eingreifen musste. Sie hätte wohl auch kaum Chancen gehabt, den Herrn mit dem gestörten Unterleib zu fassen – es sei denn, er wäre rein zufällig an eine Beamtin geraten, die ihm bei dieser Gelegenheit eine Gliedschelle angelegt hätte.

Ein Häuptling zum Schießen

Natürlich weiß jeder, der schon mal von Old Shatterhand und Winnetou gelesen hat: Als Indianerhäuptling wird man nicht geboren und auch den ehrenvollen Namen muss man sich redlich erkämpfen.

Schließlich fängt man auch bei der Bundeswehr nicht gleich im Rang eines Majors an und in der öffentlichen Verwaltung darf man sich mühsam bis kurz vor der Pensionierung mit viel Glück zum Verwaltungsrat hochdienen.

Immerhin hatte „Klein Adlerauge" aber den Vorteil, als Sohn des gewählten Häuptlings der Komantschen geboren und bei ihm als Azubi in die Lehre gegangen zu sein; so ließ es sich die Karriereleiter etwas leichter hochklettern.

„Klein Adlerauge" lernte traditionsgemäß bereits in der Indianer-Kita mit Messer, Tomahawk sowie Pfeil und Bogen umzugehen. Dass er auf dem linken Auge leicht schielte, tat dabei keinen Abbruch. Zudem sang er am Lagerfeuer auch herrliche Westernsongs zur E-Gitarre.

Die Kriege im Indianerland mit feindlichen Stämmen oder den GIs der US-Army gehörten längst der Vergangenheit an. Das Wild musste nicht mehr in freier Wildbahn gejagt werden; man kaufte sich das Bullenhüftsteak inzwischen bei Aldi Kanada ein. Und die stammestypische Kriegsbemalung wurde nur noch für die per Bus anreisenden Kaffeefahrt-Touristen ins Gesicht geschmiert.

Nach dem im Ausflugsprogramm inklusiven Tanz ums Lagerfeuer konnten Japaner, Griechen und Deutsche zur bleibenden Erinnerung eine CD mit Kampfgeheul und Indianer-Rock erwerben.

„Klein Adlerauge" tat sich sowohl bei diesen Events als auch beim Kreieren neuer Marketingstrategien so nachhaltig hervor, dass er bald vom Ältestenrat als Nachfolger seines Vaters zum Häuptling (entspricht bei uns in etwa dem Bürgermeister) befördert wurde. Der Aufsichtsratsvorsitzende Schlanker Hirsch hängte ihm die symbolischen 20 Federn um den Hals und sprach: „Klein Adlerauge, du bist tapfer und triffst einen Hasen auf drei Meter Entfernung mit der Streitaxt. Deshalb sollst du unser neuer Häuptling sein. Du wirst den Namen Klappernde Schlange tragen. Hugh, ich habe gesprochen!"

Diese Bezeichnung war auch aus dem Grunde berechtigt, da dem neuernannten Häuptling bisweilen beim Sprechen die Zähne ins eigene Wort fielen.

Doch auf die Dauer fühlte sich der Kanadier durch seine Rolle als Tourismus-Häuptling nicht mehr ausgelastet. Durch Zufall las er im Stellenmarkt der „Komantschen-BILD am Sonntag", dass in einer baden-württembergischen Kleinstadt, also in Old Germany, ein erfahrener Ausbeiner für Rinder und Schweine gesucht wurde.

Er bewarb sich, überquerte den Atlantik und wurde auch prompt beim Lidl Fleischwerk in Möckmühl angestellt. Seine Vorkenntnisse mit Messer und Tomahawk kamen ihm sehr zustatten und bald wurde „Klappy" - wie man ihn in Abkürzung seines

Häuptlingsnamens liebevoll rief - zum Vorarbeiter in der Schweinekotelett-Abteilung bestellt.

Wenn im Schlachthof aus Versehen einmal die Exekution eines Rindes oder Schweins nicht auf Anhieb erfolgreich war, waltete „Klappy" seines Amtes und gab dem zum Tode, Gulasch oder Hackfleisch verurteilten Tier mittels Pfeil und Bogen den Gnadenschuss.

Kurzum: „Klappy" entwickelte sich zu einem wertvollen und beliebten Mitarbeiter. Besonders die Kolleginnen aus der Rouladenabteilung schwärmten für den gut gewachsenen Jungen mit den blauschwarzen Haaren und dem gestählten Body. Und wenn es eine mal schaffte, sich mit „Klappy" zu einem Date zu treffen, erzählte sie anschließend ihren Freundinnen mit hochrotem Kopf, wie sie von der Rothaut kunstgerecht gepfählt worden sei und diese beim Höhepunkt einen höchst kriegerischen Schrei ausstieß. Da der junge Mann, wie bereits erwähnt, leicht schielte, geschah es auch zuweilen, dass sich zwei junge Damen gleichzeitig angesprochen fühlten.

Bald gab „Klappy", der in Untergriesheim eine Bleibe gefunden hatte, im Schützenverein Böttingen Unterricht im Bogenschießen. Und auch in seinem Wohnort war er rasch integriert. Als Ausputzer in der Fußballmannschaft bewies er des Öfteren, warum ein geflügeltes Wort behauptet, ein Indianer kenne keinen Schmerz.

Viele Gemeinden im Unterland haben in den letzten Jahren die Liebe zum Laientheater entdeckt. Die Theatergruppen sind meist bei den örtlichen Vereinen beheimatet. Mundart und Humor sind angesagt und da sich die Mitwirkenden ausschließlich aus den Reihen der Vereinsmitglieder rekrutieren, sind die Vorstellungen stets ausverkauft. So auch in Untergriesheim, das sich in diesem Jahr abweichend vom üblichen Volkstheaterstück für einen echten Klassiker entschieden hatte: Der Grüne Bogenschütze nach einem Krimi-Bestseller von Edgar Wallace sollte diesmal die Besucher in die örtliche Turn- und Festhalle locken.

„Klappy" war zwar nicht perfekt der hochdeutschen Sprache mächtig, dennoch verstand ihn jeder im Ort. Man stelle sich einmal vor: Ein reinrassiger Indianer mit ebenso reinrassigem schwäbischen Dialekt. Allein schon diese Vorgaben prädestinierten ihn geradezu für die Titelrolle im Theaterstück. Hinzu kam seine angeborene Fertigkeit als Bogenschütze. Natürlich sollte er seine Opfer nicht mit einem „scharfen" Pfeil mit echter Spitze morden, sondern mit einer Gummikappe vorne dran, wie man ihn als Kinderspielzeug kennt. Zusätzlich wurde sein Gegenspieler noch mit einer beim zuständigen Polizeiposten ausgeliehenen Schutzweste ausgestattet.

Der Neubürger aus dem fernen Kanada übte in der Freizeit emsig mit der entschärften Waffe und sowohl ihm als Täter als auch dem Hingemordeten machten die Proben mächtig Spaß. Besonders Katrin Müller alias Ann McLaughlin spielte ihre Rolle so voller Hingabe, dass ihr Freund Bernd beschloss, ein waches Auge auf sie zu haben und er sagte dem Schwaben-Indianer auch unmissverständlich, dass er seine Finger und sonstiges bitte von seiner Braut lassen solle. Denn die diversen Qualitäten des Häuptlings hatten sich längst bis ins Dorf herumgesprochen.

Doch der ebenfalls in heftiger Zuneigung entbrannte „Klappy" und Katrin hatten sich bereits zu weit vorgewagt und die hübsche Brünette war neugierig, ob am Körper des Häuptlings denn wirklich alle Glieder rot waren. Also verabredeten sie sich nach der nächsten Theaterprobe an einer verschwiegenen Stelle am Jagst-Ufer und probten bei diesem Anlass durchaus nicht nur ihre Textpassagen. Ihren Freund Bernd, der auch in das Krimistück in einer Nebenrolle als Butler eingebunden war, hatte Katrin unter dem Vorwand abgewimmelt, dass sie verfrüht ihre Tage bekommen habe.

Ein dummer Zufall wollte es, dass „Klappy" und seine deutsche Squaw bei ihrem Liebesspiel von einer Dorfbewohnerin beobachtet — oder besser gesagt — gehört wurden. Denn der Hauptdarsteller entlockte seiner Schauspielkollegin zwar keine Schmerzens-, dafür aber umso lautere Lustschreie.

Doch vorerst ging alles gut. Katrin teilte ihre Zuneigung zwischen ihrem Bernd und „Klappy" gerecht auf und genoss es, gleich von zwei Männern heftig begehrt zu werden. Leider waren ihr aber die strengen Sitten und Gebräuche eines Indianerstammes im fernen Kanada in dieser Hinsicht nicht geläufig.

Endlich nahte der Abend der ersten Vorstellung. Gespannt warteten die Dorfbewohner darauf, dass sich der Vorhang zum *Grünen Bogenschützen* hob, denn einen Krimi hatte die Truppe wie gesagt noch nie aufgeführt. Und der Name Edgar Wallace bürgte schließlich für Qualität.

Der erste Akt endete laut Drehbuch damit, dass bei schummriger Beleuchtung im Saal und auf der Bühne Lord Highlochness durch einen Pfeil mitten ins Herz seiner gerechten Strafe zugeführt wurde. So zerriss denn auch programmgemäß ein grässlicher Schrei die Dunkelheit und drang den Besuchern bis ins Mark. Manchen erschien dieser Schrei für einen Amateurschauspieler allerdings fast zu echt.

Beim Kriminaldauerdienst der Kripo-Direktion Heilbronn war es an diesem Samstagabend erstaunlich ruhig. An einem der Tische hatten es sich der diensthabende Kriminalhauptkommissar Josef Holdermüller, Kriminalhauptmeister Jakobs und Klaus Wegner, der Jüngste im Team, bequem gemacht. Sie vertrieben sich die Zeit mit ein paar Runden Skat.

Wegner gähnte verstohlen und Holdermüller, der Chef des Dezernats Gewaltverbrechen, dröhnte gerade mit seinem unüberhörbaren Organ: „Grand Hand, liebe Kollegen. Schneider, schwarz angesagt!" als der Apparat auf dem Nebentisch klingelte.

„Verdammt noch mal", fluchte Holdermüller, „wenn man einmal an einem Samstag ein Sonntagsblatt auf der Hand hat, kommt einem so ein Störenfried dazwischen. Womöglich ist wieder einer senilen alten Jungfer der Hund entlaufen oder einem Nuttchen in der Hafenstraße wurde von ihrem Luden ein Veilchen verpasst."

„Was gibt's", schrie daher der Hauptkommissar nicht gerade bester Laune in den Hörer. Während des Gesprächs hellte sich jedoch sein Gesicht zunehmend auf. „Okay, wir sind schon fast unterwegs!"

„Jungs, es gibt Arbeit. Die Erben von Edgar Wallace haben in Untergriesheim zugeschlagen", sagte er mit einem breiten Grinsen. „Ein Toter mitten in der Theatervorstellung des *Grünen Bogenschützen*. Mit einem wunderschön gefiederten Pfeil in der Brust. Bei Tells Apfelschuss könnte ich es ja noch verstehen, aber so… Auf geht's, vergesst euer Handwerkszeug nicht", womit er Dienstwaffe und Handschellen meinte.

Kriminalmeister Wegner, der anerkannte Witzbold des Dezernats, konnte es sich nicht verkneifen: „Hast du etwa einen Gutschein für die Klapse gewonnen? Oder zuviel Karl May gelesen?" Das Ganze rundete er mit einem Indianerschrei ab, der jedem Song Contest Ehre gemacht hätte.

„Nee, Spaß beiseite. Und ein Indianer spielt tatsächlich mit. Ein waschechter, gebürtig vom Stamme der Komantschen. Hugh, ich habe gesprochen."

„Ich glaub es einfach nicht. Das muss ich sehen", grinste KHM Jakobs und hängte sich das ganze Arsenal an den Gürtel.

In der Untergriesheimer Veranstaltungshalle hatte sich die anfängliche Fröhlichkeit in blankes

Entsetzen verwandelt. Die Gäste bildeten Spalier, als die Beamten einmarschierten. Ein paar besonnene Vereinsmitglieder hatten die Bühne abgesperrt, wo Holdermüller und seine Kollegen bereits von einem grauhaarigen Mann erwartet wurden.

„Dr. Hurtig", stellte er sich vor. „Ich bin praktischer Arzt in Gundelsheim und war zufällig unter den Zuschauern. Der junge Mann war übrigens sofort tot. Der geständige Schütze versteht was von seinem Handwerk – trotz seines angeborenen Sehfehlers." Er wies dabei auf eine männliche Person, die eine Maske trug und von zwei kräftigen Burschen auf einem Stuhl festgehalten wurde. Neben der Leiche kauerte eine junge Frau, die still vor sich hin weinte und immer nur stammelte: „Das wollte ich doch nicht, Schatz!"

„Bernd Stellwag heißt der Tote", mischte sich ein Mann mittleren Alters ein. „Ich leite die Theatergruppe. Ich kapiere das alles nicht. Für den „Klappy" hätte ich sämtliche Hände ins Feuer gelegt. Er spielt in unserem Stück die Hauptrolle als der Grüne Bogenschütze. Niemand von uns wäre auf die Idee gekommen, dass er seine Rolle so ernst nimmt. Zudem ist der Bernd, der den Butler auf Schloss Invergordon darstellte, eigentlich das falsche Opfer. Er trug deshalb auch keine Schutzweste. Dafür ist unser Lord Highlochness fidel und putzmunter."

Mittlerweile hatte sich um den Oberkörper des Getöteten eine riesige Blutlache gebildet. Er lag auf dem Rücken und aus seiner Brust ragte ein Holzpfeil mit einer roten Feder am Ende. KHK Josef

Holdermüller sah sofort, dass das beileibe kein Kinderspielzeug oder Faschingsscherzartikel war. Als er dem Täter die Gummimaske vom Kopf zog, starrte ihm ein verzerrtes Gesicht entgegen. Die Wangen mit roter und blauer Farbe bemalt und unverkennbar indianischen Geblüts.

„Ich fass es nicht. Ein Komantsche auf dem Kriegspfad mordet in der Savanne von Untergriesheim im Namen von Edgar Wallace. Welch ein Stilbruch."

„Aber immerhin waidgerecht von vorne", konnte sich Kriminalmeister Wegner seinen Kommentar nicht verkneifen. „Junge, Junge, was hast du dir nur dabei gedacht? Warst du etwa scharf auf das Mädel hier und hast deshalb den Nebenbuhler an den Marterpfahl genagelt? Quasi als Racheakt Adlerauge um Adlerauge, Glied um Glied?"

Doch bei Häuptling Klappernde Schlange kam ab diesem Moment kein Wort mehr über die Lippen. Nur seine Zähne klapperten leise, als ihn die Beamten Richtung Auto abführten. Hinter der Bühne hatten sie den Federschmuck eines Indianerhäuptlings sowie einen Köcher mit rot gefiederten Pfeilen gefunden.

Zum ersten, zum zweiten und zum ......!

Mal ehrlich: Haben Sie schon mal erlebt, dass bei einer Sammlung von Krimi-Kurzgeschichten kein Banküberfall vorkommt? Eben. Deshalb soll auch hier von diesem guten Brauch nicht abgewichen werden.

Edwin Falschwechsler schaute bereits auf seine Rolex-Kopie. Noch zwei Minuten bis Feierabend. Die Filiale der Volks- und Raiffeisenbank war das einzige Bankinstitut in der Siebenhundertachtunddreißig-Seelen-Gemeinde Eschenbach. Normalerweise waren sie ja zu Dritt. Aber Almut Weiberle war faschingsbedingt unpässlich und Marianne Drechsler-Überhör weilte mit zwei Freundinnen auf Beachboy-Erlebnistour im türkischen Side.

Verflixt! Musste ausgerechnet jetzt noch ein Kunde kommen? Schließlich hatte er den Kassenabschluss schon gemacht und den ganzen Schreibkram säuberlich weggeräumt. Wenn man einmal pünktlich aus diesem Saftladen raus und sich in Ruhe das Champions League-Spiel der Bayern gegen FC Barcelona reinziehen möchte!

Edwin Falschwechsler kannte den Last-Minute-Kunden aus dem Nachbardorf. Sie wanderten gelegentlich zusammen in der Ortsgruppe des Schwäbischen Albvereins. „Na, Heinz-Otto, ist den Kollegen in der Pampa etwa das Kleingeld ausgegangen?" frotzelte er.

„Von wegen Kleingeld, du Korinthenkacker. Heute ist ganz großer Zahltag." Dabei holte Heinz-Otto Malmüller eine Mega-Plastiktüte aus der Hosentasche und knallte sie auf die Theke. „Die füllst du jetzt schön mit deinem kompletten Scheinchenvorrat und dann darfst du endgültig Feierabend machen." Bei diesen Worten ging er zur Tür und drehte den Schlüssel um. Von außen konnte man den Bankraum wegen dicker Gardinen nicht einsehen.

„Mensch, Heinz-Otto. Wir sind doch hier nicht im Wilden Westen und du bist nicht der geborene Räuber. Ich müsste dich anzeigen und du würdest es nicht mal bis zum nächsten Flughafen schaffen. Was soll also der Quatsch?"

„Siehst du, Edwin, im Wilden Westen würde ich dich nach dem Abkassieren abknallen. Da ich aber keinen Waffenschein besitze, muss ich die Aktion sozusagen handwerklich lösen." Malmüller holte einen schweren Schlosserhammer aus seinem Hosenbund und wog ihn in der rechten Hand. „Also, mach keine Zicken, vollbringe in deinen letzten Daseins-Minuten noch eine gute Tat und fülle mir die Tüte mit den Volksbank-Klunkerchen."

Bei Edwin Falschwechsler wechselte wie bei einer Ampel die Gesichtsfarbe von Rot auf bleich und mit fliegenden Händen stopfte er sämtliche Scheine aus der Tageskasse und dem vorsintflutlichen Tresor in den Plastiksack.

„Na also, geht doch. Wenigstens einmal im Leben hast du eine gute Tat vollbracht, du Zinsenhai. Tut mir echt Leid um deine Mary zu Hause, aber ich brauch nun mal die Knete. Und deshalb: Helm ab zum Gebet!"

Heinz-Otto Malmüller flankte sportlich über die Theke und schlug dem biederen Bankkassier den Hammer auf den Schädel. Wobei er wie der Auktionator bei einer Versteigerung zählte: Zum ersten, zum zweiten und zum…. dritten! Eigentlich hätte er gar nicht bis drei zählen müssen, denn Edwin Falschwechsler gab bereits nach dem zweiten Schlag mit einem tiefen Röcheln seinen zeitlebens bescheidenen Geist auf. Malmüller aber raffte die prall gefüllte Tüte an sich und verließ die Bankfiliale durch das Toilettenfenster auf der Rückseite des Gebäudes.

Mary Falschwechsler vergnügte sich derweil wie an jedem Mittwochabend inmitten ihrer Volkstanzgruppe. Gemütlicher Ausklang wie üblich in der zünftigen Dorfkneipe „Zum güldenen Ochsen". Erst als sie gegen 24 Uhr erheblich angeheitert zu Hause eintrudelte, fiel ihr auf, dass der Fernseher nicht lief. Schließlich wollte sich Edwin doch in Ruhe die Fußballspiele anschauen.

Auf die Idee, dass an seiner Arbeitsstelle etwas Außergewöhnliches passiert sein könnte, wäre sie nie gekommen. Schließlich gab es so etwas doch nur im Polizeiruf 110. Aber in diesem Kaff, wo sich Fuchs und Hase Gute Nacht sagen? Wer sollte denn hier wegen ein paar armseliger Kröten die Bank überfallen? Was sie natürlich nicht wissen konnte: Exakt an diesem Tag hatte Fabrikant Truckenberger einen erklecklichen Betrag aus Grundstückserlösen in bar eingezahlt.

Vielleicht war ihr Gatte ja auch nur noch ein paar Schritte vor die Tür gegangen. Kurzum, sie machte sich keine Sorgen und ihr von drei Viertele Lemberger Spätlese reichlich vernebeltes Gehirn hätte dies auch gar nicht zugelassen. Die Promille nahmen sie in ihre behutsamen Arme und versenkten sie in narkoseartigen Tiefschlaf.

Am nächsten Morgen wollte absprachegemäß der Geldkurierdienst noch vor den offiziellen Schalterstunden der Bankfiliale den Barbetrag abholen und zur Zentrale bringen. Als der Security Alfons Breitenwieser ohne jegliche Vorahnung mit dem Zweitschlüssel den Bankraum öffnete, fiel ihm zuerst gar nichts Ungewöhnliches auf. Doch dann entdeckte er ein Bein, das neben der Kundentheke in den Schalterraum ragte und das dort absolut nichts zu suchen hatte. Geistesgegenwärtig riss er seine Dienstwaffe aus dem Halfter und schrie: „Beine hoch oder ich schieße!"

Aber es war niemand da, auf den er hätte schießen können. Und Edwin Falschwechsler war ja schließlich bereits mausetot. Die Geldscheinfächer hinter der Panzerglasscheibe waren so leer geräumt wie der Tresor. Und auf dem Tresen lag ein Gegenstand, der ganz bestimmt nichts mit Debitoren oder Kreditoren gemein hatte: Ein blutverschmierter Hammer.

Alfons Breitenwieser stürzte ins Freie und schrie seinem Fahrer zu: „Gib Alarm, Heinrich. Banküberfall. Und den Falschwechsler hat der Schlag getroffen!"

Heinrich Oberle schaute seinen Kollegen an wie ein Pfleger in der Psychiatrie seinen Lieblingspatienten. Erst nach einer Schreckminute sah er ein, dass dies keine Spaßvorstellung war und er funkte dann doch die Heilbronner Kripo an.

Schon nach zwanzig Minuten trafen zwei Streifenwagen mit heulendem Tatütata sowie die komplette Mannschaft des Dezernats für Gewaltverbrechen vor der Bankfiliale ein. Kriminalhauptkommissar Sepp Holdermüllers einhundertzwanzig Kilo Körpermasse stürmten Richtung Tatort. „Schau dir das an, Jakobs. Der Bursche konnte sich noch nicht mal eine Pistole leisten."

„Ein Hammer als Tatwaffe. Da sieht man wieder, zu was ein gutes deutsches Qualitätswerkzeug gut sein kann. Endlich mal ein bisschen Abwechslung im tristen Polizeialltag", bestätigte der Kriminalhauptmeister.

„Sibel", wandte er sich an eine bildhübsche Kriminalhauptmeisterin mit türkischen Wurzeln, „frag doch mal draußen bei den Neugierigen nach, wie der Bankangestellte heißt und wo er wohnt beziehungsweise wohnte."

Die Beamtin kam schnell zurück. „Der Bankkassierer heißt Edwin Falschwechsler und er ist zurzeit alleiniger Herr über Sparbücher und Dispokredite. Die Familie wohnt in der Brunnengasse 13."

„Ich sag ja immer, die 13 ist eine Unglückszahl", musste Witzbold Wegner mal wieder seinen Senf dazugeben. „Und dann noch dieser Name. Damit lebt man ja zwangsläufig gefährlich."

„Okay, dann müssen wir wohl zuerst die Familie verständigen. Klaus komm` mit mir. Aber halte dich bitte zurück mit deinem umwerfenden Charme. Die anderen stellen hier solange das Geldhaus auf den Kopf."

Sie mussten lange klingeln, bis eine reichlich verschlafene und ungepflegte Frau im Morgenrock öffnete. „Kriminalhauptkommissar Holdermüller und Kriminalmeister Wegner von der Kripo Heilbronn", stellten sie sich vor. „ Sind Sie Frau Falschwechsler?"

„Ja, ich bin die Mary. Polizei? Gut, ich habe gestern Abend zwar drei Viertel Wein getrunken, bin aber nicht mehr Auto gefahren. Was wollen Sie denn von mir?"

„Haben Sie Ihren Mann eigentlich noch nicht vermisst, Frau Falschwechsler?" fragte Holdermüller und betrat mit Klaus Wegner die Wohnung.

„Edwin? Ach Gott, jetzt wo Sie es sagen. Ich habe ihn heute Morgen ja noch gar nicht gesehen."

Jetzt war KM Wegner in seinem Element. Sein Boss sah ihn zwar warnend an, aber es war bereits zu spät: „Frau Falschwechsler, wir müssen Sie etwas Wichtiges fragen. Haben Sie bereits Ihre Steuererklärung für das letzte Jahr ausgefüllt? Falls ja, müssten Sie diese umgehend berichtigen. Streichen Sie bitte bei Familienstand den Vermerk verheiratet und ändern Sie ihn auf verwitwet."

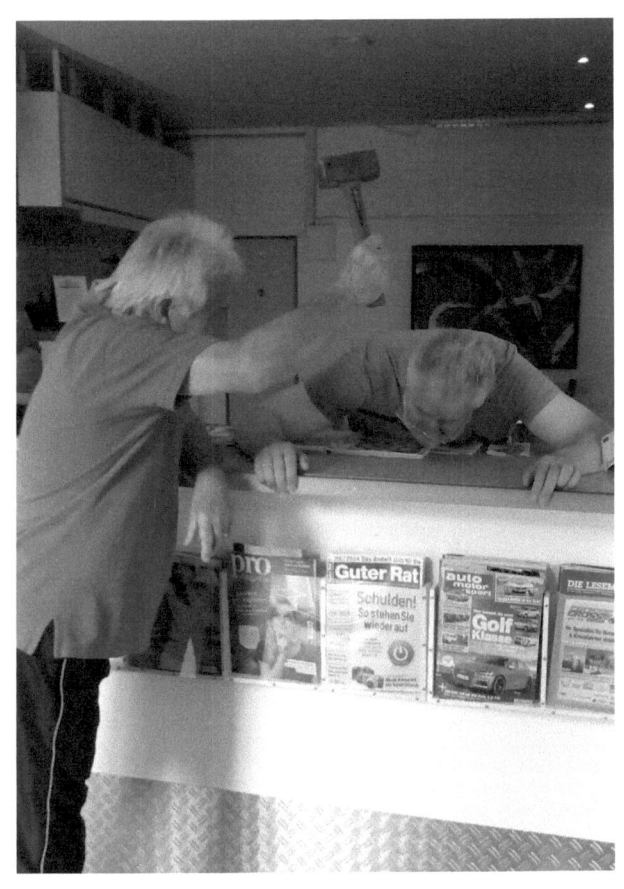

Eine einmalige Dauerwelle

Das Telefon läutete. „*Salon Golden Style.* Sie sprechen mit Figaro Antonio Meuchler-Schmid persönlich. Was kann ich für Sie tun?"

„Dem Himmel sei Dank, dass ich Sie noch erreiche", tönte ihm eine aufgeregte weibliche Stimme im gebärfähigen Alter entgegen. „Bei wem ich es auch versuchte – alle hatten bereits geschlossen. Ich brauche unbedingt noch heute eine neue Dauerwelle samt Tönung, weil ich gleich morgen früh einen eminent wichtigen Geschäftstermin habe. Wenn Sie mich noch drannehmen, Meister, haben Sie bei mir einen ganzen Felsbrocken im Brett."

Der Herrscher über Schere und Kamm musste nicht lange überlegen. Dauerwelle mit Tönung = 3 Stunden, Minimum 95 Euro, mit Trinkgeld ein glatter Hunni. Vielleicht war sie ja auch noch nett und entgegenkommend. Zudem: Über eine neue Stammkundin freute man sich immer. Und was erwartete ihn schon zu Hause? Eine vertrocknete, keifende, RTL- und SAT 1-süchtige Schabracke, die ihren paranoiden Köter besser behandelte als ihn. Es verging kein Tag, an dem er sich nicht verfluchte, dass er das ehemalige Lehrmädchen in seinen Hafen der Ehe gelotst hatte. Vor kurzem hatte er ihr erstmals mit Scheidung gedroht, aber sie hatte ihn nur höhnisch ausgelacht. „Ohne mein geerbtes Geld kannst du dann aber deinen armseligen Schnippel-Laden schließen, du Pseudo-Barbier. Wenn du Glück hast, darfst du dann gerade noch auf Jahrmärkten als *Anton, der HundeCoiffeur* auftreten", hatte sie ihm hasserfüllt entgegen geschleudert.

Das hatte ihm den Rest gegeben. Seine Berufsehre war aber so was von angekratzt. Er, Figaro Meuchler-Schmid, als Hundefriseur auf Jahrmärkten!

„Kein Problem, Madame, Sie können gerne noch vorbeikommen", säuselte er ins Telefon. „Für eine zufriedene Kundschaft tue ich alles. Ich hatte heute Abend sowieso nichts Besonderes vor." Schnell überprüfte er vor sämtlichen Spiegeln sein Outfit und zog den Scheitel nochmals akkurat nach. Nun noch ein kräftiger Sprühstoß aus dem Eau de Toilette-Flacon *Davidoff privat,* und die Dame könnte anrücken.

Kurz darauf öffnete sich auch schon die Türe und ein Wesen in Blond, mit einem etwas breiteren Schal um die Hüfte, schwebte in seinen Salon. Perfekt geschminkt, und der Duft ihres Chanel Nr. 5 vereinigte sich auf der Stelle mit seinem Davidoff. All dies zusammen führte dazu, dass der Maestro akute Atemnot bekam. Das war mal was anderes als seine angeheiratete Nörgel-Zicke mit täglichem Erschöpfungsschlaf bis zum Mittagessen. Wohlan, die Dauerwelle konnte sich kringeln.

„Ich heiße Sabrina Goldschenkel", strahlte sie ihn an und reichte ihm eine graziöse Hand. Fast hätte er sie noch geküsst, aber ihm fiel gerade noch rechtzeitig ein, dass er hier keinen Auftritt als Operettenbuffo hatte. Aber die Übereinstimmung ihrer Schenkel mit ihrem Namen konnte er bereits jetzt bestätigen, als sie auf dem Sessel Platz nahm.

Mein lieber Vater! Schnell hängte er ihr den Umhang über die Schultern, um nicht zu sehr abgelenkt zu sein.

„Nun, wie hätten wir es denn gerne?" sprach er die Lady in der berufstypischen Redewendung an. „Darf es ein dezentes Brünett sein oder eher rasantes Kastanienbraun? Das würde Ihren Teint perfekt unterstreichen."

„Ja, ich hatte auch an ein leicht gelocktes Kastanienrotbraun gedacht, Herr Figaro."

„Sagen Sie doch bitte einfach Antonio zu mir, gnädige Frau. So nennen mich alle meine besten Freunde. Darf ich nun Ihr Haar anfeuchten? Dann mache ich uns einen Kaffee und Sie dürfen sich solange eine Zeitschrift aussuchen." Anton tänzelte um sie herum, als wäre er auf einem Wiener Walzer-Turnier und beinahe hätte er noch einen Doppelaxel obendrauf gesetzt.

Zwei Stunden vergingen wie im Fluge und die Unterhaltung wurde immer vertrauter. So konnte es nicht ausbleiben, dass der Figaro ihre abgeschnittenen Haare mit der Hand einzeln vom Busen pflückte und einmal wäre er fast gestolpert, hätte er sich nicht mit beiden Händen auf ihren ungeschützten Schenkeln abgestützt. Da Frau Goldschenkel dies alles anscheinend nicht unangenehm war, nahm er seinen ganzen Mut zusammen und versuchte sie zu küssen, als sie gerade wehrlos unter der Trockenhaube röstete.

Und genau in diesem Moment passierte es. Bevor er in die Hände einer gnädigen Ohmacht fiel, spürte er nur noch einen wahnsinnigen Schmerz an seiner linken Gesichtshälfte. Daraufhin legte irgendetwas in seinem Gehirn den Hauptschalter um.

Am nächsten Morgen zog Polizeihauptmeister Wendehals vom Polizeiposten Möckmühl einen dicken Umschlag aus dem Dienst-Briefkasten. Die Kollegen hielten gerade Frühstückspause. „Na, Heinrich. was bringst du denn Schönes?", fragte der Postenführer. „Schickt uns etwa jemand wieder eine Anti-Aging-Produktprobe für genervte Gesichtshaut? Nun mach schon auf."

Heinrich Wendehals öffnete das DIN A4 -Kuvert und nahm eine Plastiktüte heraus, bei deren Augenschein das gemeinsame Frühstück nachhaltig gestört war. Auf der Tüte lag noch ein handgeschriebener Zettel: „Auch wenn es sich nicht um das berühmte Ohr von Vincent van Gogh handelt, war es doch für den Verunstalteten höchste Zeit, sich davon zu trennen. Ich wünsche viel Vergnügen bei der Suche nach dem restlichen Kadaver!"

„Mann, oh Mann", stöhnte Postenführer Knochenhauer, „das ist zu groß für uns. Ich ruf gleich die Kripo an."

Doch auch dort war bisher keine Vermisstenanzeige nach einem ohrlosen Mann eingegangen. Erst als eine Frau Elselore Meuchler-Schmid meldete, dass ihr Gatte nach einer Dauerwelle an einer verspäteten Kundin am Vorabend bis jetzt nicht nach Hause zurückgekehrt war, fuhren zwei Kollegen zu dem Friseursalon Golden Style. Mit dem ihnen überlassenen Zweitschlüssel öffneten sie die abgeschlossene Tür und sie fanden einen Mann regungslos in einem

Friseurstuhl sitzend vor. Sein linkes Ohr fehlte und weil das dem Täter anscheinend noch nicht genug war, auch noch Daumen und Ringfinger der rechten Hand. Der Größe der Blutlache nach zu urteilen, die sich quer über den Raum zog, konnte der Figaro a.D. keinen Tropfen des lebensnotwendigen Saftes mehr in seinen Adern haben.

Und auch hier lag ein handschriftlicher Zettel auf dem Friseurtisch: „Sorry, ich fand leider kein passendes Kuvert mehr. Ich habe die Fingerchen daher an einen zufällig herumstreunenden Hund verfüttert. Wenn Sie ihm zwecks Spurensuche den Magen auspumpen wollen – es handelte sich um einen schwarzen Dobermann, der laut Hundemarke auf den Namen Angie hört."

Bei Elselore Meuchler-Schmid klingelte das Telefon. „Hallo Elsie, hier ist die Gaby. Ich wollte dir nur Vollzugsmeldung erstatten. Mal ehrlich, was taugt ein Haarschnippsler ohne die wichtigsten Finger der rechten Hand? Aber immerhin: Sein Rasiermesser war echt scharf. So scharf wie er, als er noch funktionierte. Das linke Ohr war dann nur noch eine spontane Zugabe. Was meinst Du? Natürlich hatte ich Handschuhe an! Komm, lass uns irgendwo einen kräftigen Schluck nehmen, bevor dir die Kripo die traurige Nachricht vom plötzlichen und unerwarteten Ableben deines über alles geliebten Gatten überbringt. Und vergiss bitte ja nicht, bittere Tränen zu vergleßen."

Verbrannt in alle Ewigkeit

Fußball-WM in Brasilien. Achtelfinale Deutschland – Algerien. Und ich endlich mal einen freien Abend, denn auch mein frisch angetrautes weibliches Wesen namens Sibel geborene Ökücü gewährte mir mittels Spätschicht bei der Kripo Heilbronn Dienstbefreiung vom heftig strapazierten Lotterbett. Außerdem ersparte sie mir auf diese Weise ihre nicht gerade fundierten Fußballweisheiten bezüglich Abseits, doofem Schiedsrichter, unterirdischem Philipp Lahm und diversen *Schwalben* im gegnerischen Strafraum.

Im Backofen brutzelten derweil zwei stramme Hühnermänner und warteten darauf, in einer Stunde von den Knochen befreit zu werden. Auch Sibel würde sich freuen, wenn sie nach der Arbeit noch etwas Warmes in den Bauch bekäme. Ein Schlimmer, wer Böses dabei denkt.

Während ich also die müden Bullenbeine auf dem Couchtisch ausstreckte und versuchte, die Lautsprecher der Samsung LED-Glotze zu übertönen, weil dieser angebliche Takt- und Ideengeber Schweinao mal wieder in die falsche Richtung passte, wurde die Pfeife von Schiri Ricci von einem Laut abgestraft, den ich zu diesem Zeitpunkt absolut nicht hören wollte: Telefon!

Wenn das wieder Kollege Sepp Holdermüller vom Dezernat für Gewaltverbrechen sein sollte, würde ich bei nächster Gelegenheit mein Versprechen wahr machen, dass er sich selbst als Leiche von irgendeiner Müllhalde kratzen könne.

„Hallo, allerliebster Kriminaldirektor! Stahlharter Gangsterjäger Eliot Ness von Stuttgart und eingeschworener Fußball-Fan! Dürfen wir armselige Plattfüßler vom Lande dich beim rasanten Spielstand von 0:0 um ein bisschen hauptstädtische LKA-Unterstützung nach Untereisesheim bitten? Wir haben eine kleine Überraschung für dich. Im wahrsten Sinn des Wortes. Du kannst ja die Spielreportage unterwegs im Radio genießen. Tatort: ein früheres Gartenhäuschen im Gewann Doggenbuckel; wir stellen einen Streifenwagen an die Straße, damit du die Abzweigung in Gottes freie Natur nicht verfehlst."

Ich konnte mir sein schadenfrohes Grinsen von einem Ohr zum anderen bildlich vorstellen. Erdolchen und Ersäufen wären zu milde Todesarten für seine Boshaftigkeit, mich von Jogis Jungs im fernen Porto Alegre wegzulotsen. Andererseits – wenn er mich um Hilfe bat – musste bei ihm schon die Kacke gewaltig am Dampfen sein.

Also steckte ich mir in sämtlichen Tonarten fluchend meine „Notfallausrüstung" aus Dienstausweis, Waffe und Handy ein, schaltete den Fernseher aus und startete meinen Daimler Richtung Tatort Untereisesheim.

Mein Navi dirigierte mich zielsicher in die Pendlergemeinde des Landkreises Heilbronn. Kurz nach dem Ortsausgang in Richtung Bad Wimpfen blinkte mir auch schon von weitem ein Blaulicht entgegen. Zum Glück hatten die Kollegen die Zufahrt zu dem Feldweg abgesperrt, sodass die dort versammelte Menschentraube aus Neugierigen und Gaffern keine Chance hatte, die Umgebung des vermutlichen Tatortes zu verwüsten.

Über einen Trampelpfad erreichte ich eine kleine Personengruppe, bestehend aus Herren in übergestreiften weißen Plastikanzügen, in denen sie aussahen wie Weltraumfahrer - die Kollegen von der Spurensicherung -, ein paar Feuerwehrleuten in Uniform sowie Beamten des Dezernates Gewaltverbrechen, die ich allesamt von früheren Ermittlungen her kannte. Und mittendrin thronte und dröhnte ein Zweizentnerbulle von Mann. Wie eine Glucke über ihre Küken wachte er darauf, dass jeder der Anwesenden auch genügend zu tun hatte.

„Wo ist denn hier das berüchtigte Gartenhäuschen?", wollte ich gerade fragen, als sich auch bereits die Pranke vom Format eines Rummelplatz-Preisringers in meine linke Schulter bohrte, während zwei Männer in Schwarz einen Kindersarg aus dem Kombi eines Beerdigungs-institutes hoben. Außer einem Häufchen Asche war hier nichts zu sehen, so sehr ich auch meine bildschirmgeplagten Augen anstrengte.

„Na, Steff, altes Haus! Wir brauchen mal wieder den Experten aus dem LKA für diese Sauerei. Das musst du dir anschauen."

Mein alter Spezi Sepp Holdermüller, seines Zeichens Kriminalhauptkommissar und – wie bereits oben erwähnt – Chef der Heilbronner Kripo für Mord und Totschlag nahm mich beiseite.

„Was soll der Sarg? Es wird sich doch hoffentlich niemand an einem Kind vergriffen haben?", fragte ich mit belegter Stimme.

„Nein, Steff, aber für die sterblichen Überreste des Opfers reicht nun mal eine Holztruhe der Größe 52. Alles andere wäre Verschwendung."

Was da auf dem Boden lag, hatte tatsächlich nur noch die Größe einer Spielpuppe. Ein menschlicher Torso - bis zur Unkenntlichkeit verbrannt. Zwischen verkohlten Lippen grinsten mich zwei weiße Zahnreihen an. Unwillkürlich fielen mir bei diesem Anblick die beiden Hähnchen in meinem Backofen zuhause ein. Verdammt! Ich hatte in der Hektik doch tatsächlich vergessen, ihn auszuschalten.

„Die Identifizierung wird zwangsläufig noch ein bisschen dauern. Männliche Leiche. Es könnte sich laut Aussage der hier anwesenden Einheimischen um den Eigentümer des Gartengrundstückes handeln: Hubert Landvatter, 43 Jahre alt und geschieden.", mischte sich der Doc von der Pathologie ein. „Bis morgen kann ich euch hoffentlich mehr sagen. Fingerabdrücke könnt ihr ihm leider nicht mehr nehmen. Auf jeden Fall könnt ihr aber schon mal davon ausgehen, dass der Mann vorher erstochen wurde. Zwei nicht unbedingt tödliche Stiche mit einem spitzen Gegenstand in die linke Brustseite. Mit was, muss ich noch offen lassen. Aber in einem Gartenhäuschen liegen ja bekanntlich Geräte aller Art herum. Es könnte also auch beispielsweise ein Unkrautstecher verwendet worden sein. Zumindest haben die Kollegen von der Feuerwehr in der näheren Umgebung ein solches Arbeitsgerät gefunden. Zwar gründlich abgewischt, aber das Labor wird bestimmt noch ein paar Blutspuren entdecken. Zudem lassen sich vielleicht aus Blutaspiration und Raucheinatmung im Zusammenhang mit den Verletzungen darauf schließen, dass der Verletzte zur Verschleierung der Tat im Gartenhaus angezündet wurde".

Ich muss zu meiner Schande gestehen, dass mir der Anblick einer nackten Jungfrau lieber gewesen wäre als diese auf Kinderformat geschrumpfte Leiche.

„Da hat jemand versucht, gründliche Arbeit zu leisten", brummte Sepp Holdermüller, „und sich bemüht, sämtliche Spuren zu beseitigen, um uns zu ärgern."

„Ach übrigens", mischte sich der Spaßmacher des Ermittlerteams, Kriminalmeister Klaus Wegner, ein. „Kennt ihr den Witz, wie der Krematoriums-Angestellte zum Direktor kommt und verzweifelt fragt: ´Chef, was soll ich machen, der Liliputaner fällt mir dauernd durch den Feuerrost?´ Der Direktor überlegt lange und sagt schließlich zu seinem Mitarbeiter: ´Bring ihn einfach zu mir, ich rauch ihn in der Pfeife!´"

Doch keinem von uns war heute so richtig zum Lachen zumute. „Wer hat denn überhaupt den Brand entdeckt?", fragte ich in die Runde.

„Hier der Herr Wagner, der als ausgewiesener Fußballmuffel samt seinem Hund Adolf einen ausgedehnten Abendspaziergang machte." Ich schaute die Mischung aus Foxterrier und Rottweiler an und natürlich musste besagter Kollege Wegner wieder seinen Senf dazugeben. „Ein braunes Hündchen. Immerhin, die Farbe passt zum Namen!" lästerte er. Die Situation wurde noch dadurch zugespitzt, dass der Hundehalter seinem herumstreunenden Hund zurief: „Adolf, komm zurück!"

„Bewahre uns Gott davor, dass der Gröfaz wieder aufersteht! Da erfreuen wir uns doch lieber an unserer schwarzen Angie", ergänzte Klaus Wegner mit hinterlistigem Augenzwinkern.

„Ja, ich hatte zum Glück mein Handy dabei und rief gleich beim Neckarsulmer Revier an, die dann auch die Feuerwehr alarmierten. Aber es gab ja nichts mehr zu löschen. Der arme Herr Landvatter, wenn er es denn ist", jammerte der stolze Rassehundebesitzer. Er war fix und foxi mit seinen Nerven. „Wer tut denn so etwas und warum?"

„Tja, das ist nun mal wieder unser trauriger Job", meinte Sepp Holdermüller. „Aber keine Täterspuren und keine Tatzeugen – wir stochern diesmal nicht im Nebel, sondern in der Asche herum."

„Du entwickelst dich ja geradezu zum Philosophen", grinste ich ihn hämisch an. „Schicke doch einstweilen mal die Kollegen Jakobs und Blaumann zusammen mit dem Herrn Wagner zum Wohnhaus von dem vermeintlichen Opfer und lasse die Nachbarn befragen, wann sie den Herrn Landvatter zuletzt gesehen haben."

In diesem Moment trat der Kollege Müller-Weizen von der Spusi hinzu und zeigte uns voll Euphorie ein Fundstück. „Lag im Aschehaufen. Sieht aus wie ein Ehering. Und hinter einem Gebüsch haben wir diesen Benzinkanister gefunden. Ansonsten keine Reifenspuren oder Ähnliches – der Boden ist einfach zu trocken".

„Wenn wir davon ausgehen, dass wir es mit keinem Suizid zu tun haben – denn wer begeht schon in Untereisesheim Harakiri mit einem spitzen Gartengerät - , wer, verdammt noch mal, bringt einen friedlichen Mitbürger in seinem Gartenhäuschen in freier Wildbahn um? Zumal wir auch keinen Tresor gefunden haben, der auf einen Raubmord schließen lässt. Ich mache es jetzt wie Jogi Löw und lasse bezüglich des Motivs das Orakel sprechen, indem ich heftig im linken Nasenloch nach Hinweisen bohre."

Sepp Holdermüller war echt frustriert, wie ich ihn selten erlebt hatte. „Womöglich müssen wir noch einen Profiler oder einen Hellseher anfordern, der uns auf die Sprünge hilft. Oder geht bei dir etwa ein Deckenfluter an, Steff?" wandte er sich an mich. „Schließlich schwebst bist du ja in einer anderen Gehaltsgruppe."

Nein, ich hatte ehrlich gesagt, auch nicht die leiseste Ahnung, zumal auch die Befragung von Landvatters Nachbarn lediglich bestätigte, dass man ihn seit der Mittagszeit nicht mehr gesehen hatte. Er hatte allerdings erzählt, dass er jetzt zu seinem Wochenendgrundstück fahre, um das Gras zu mähen. Er war ein friedfertiger Mensch, der mit niemand Streit hatte. Und von seiner Frau, einer echten *Beißzange,* hatte er sich schon vor Jahren getrennt.

Wir konnten jetzt nur noch hoffen, dass die Obduktion oder der aufgefundene Benzinkanister neue Erkenntnisse lieferte; aber den ganzen Umständen nach mussten wir davon ausgehen, dass der vorsichtige Täter Handschuhe getragen hatte.

Eine sechsköpfige Sonderkommission der Heilbronner Kripo unter dem sinnigen Namen „Bruzzler" würde zwar weiter ermitteln - auch unter Einbeziehung der Bevölkerung, der Presse und des Rundfunks -, aber die Hoffnung auf Erfolge lag bei minus 10.

Ich fuhr nach Hause – müde und vor allem hungrig. Hier erwartete mich bereits Sibel mit dem strahlendsten Lächeln der Welt. „Hast du Appetit auf ein Mini-Brikett mit zwei Schenkeln aus dem Backofen oder möchtest du doch lieber eine Pizza Margherita?" In der Tat hatten die Hühnermänner nach sechs Stunden bei 250 Grad unter dem Umluftgrill große Ähnlichkeit mit dem aufgefundenen Torso – sie fielen nur noch ein wenig mickriger aus.

Früher floss mehr Blut

„Sie Gauner, Sie elender Betrüger, Sie Halsabschneider!" schrie Hans-Dietrich Müller-Wohlgelegen mit sich überschlagender Stimme in die völlig unschuldige Sprechmuschel der Deutschen Telekom. „Meine ganzen Ersparnisse sind futsch. Und warum? Weil ich auf Ihr Gesäusel von wegen Zinserträgen aus einer anderen Welt hörte und vertraute. Die Zinsen sind wirklich aus einer anderen Welt: Der Unterwelt! Und von wegen kein Risiko bei Aktienkäufen. Sie haben mich beraubt, Sie…Sie… Sie… Wenn ich Sie in die Finger bekomme, mache ich Hackfleisch aus Ihrem Bumsbody."

„Jetzt mal ganz ruhig, Herr Müller-Wohlgelegen", versuchte sich Jens Utschikat zwischen den Wutanfall seines Klienten zu drängen. „Sie wollten schließlich den bestmöglichen Ertrag. Astronomische Wunschvorstellungen hatten Sie. Ich hatte Ihnen ja noch abgeraten, aber Ihre Gier war geradezu unersättlich. Ich kann aber gerne bei Ihnen vorbeikommen, dann können wir alles nochmals in Ruhe besprechen und durchrechnen.

„Okay, Sie stehen um 20 Uhr bei mir auf der Matte und Gnade Ihnen Gott, wenn Sie keine stichhaltigen Gründe für Ihr Versagen vorzubringen haben!" Damit knallte Hans-Dietrich Müller-Wohlgelegen den Hörer derart heftig auf seinen Schreibtisch, dass seine Sekretärin, so scharf wie blond, ins Zimmer stürzte und ängstlich fragte: „Is′ was passiert, Bärchen?"

„Und ob etwas passiert ist!" schrie der Chef des Ladens. Dieser Utschikat hat mich ruiniert. „ Und ich hatte dich extra noch an ihn ausgeliehen, um bessere Konditionen zu erhalten."

Uschi Maria Leck drängte sich auf seinen Schoß und versuchte ihn mit ihren BH-befreiten Brüsten aufzuspießen. „Beruhige dich doch, Bärchen, das wird schon wieder werden. Soll ich nochmals nett mit ihm reden?"

„Untersteh dich, du Flittchen. Und überhaupt: Es hat sich ausgebärt, Blondy. Los, verschwinde jetzt, ich muss nachdenken."

Pünktlich um 20 Uhr klingelte es an der Müller-Wohlgelegenschen Luxusvilla. Utschikat hatte den Rolls Royce auf der Parkauffahrt geparkt und brachte als nette Geste einen Sechser-Karton *Veuve Cliquot Jahrgangschampagner* mit. Richtig betrachtet, hatte diesen sowieso Müller-Wohlgelegen finanziert.

Der Hausherr empfing ihn in der Diele. „Wir bleiben lieber hier. Sie haben ja total verdreckte Schuhe", brummte er. „Kommen wir gleich zum Geschäftlichen. Also was ist, ersetzen Sie mir den erlittenen Schaden oder nicht?" Dabei glotzte der blanke Irrsinn aus seinen Augen.

„Aber mein Lieber", versuchte ihn Jens Utschikat zu besänftigen.

„Ich bin nicht Ihr Lieber, Sie Edelgangster", brüllte Müller-Wohlgelegen außer sich. „Mein letztes Wort: Sind Sie bereit, mir den Verlust zu ersetzen oder nicht? Wenn nicht, kommen Sie hier lebend nicht mehr raus. Sie werden für all Ihre Sünden bluten."

„Was, Sie wollen mir drohen, Sie halbe Portion?" schleuderte ihm der Anlageberater zynisch entgegen. „Sie fallen ja schon um, wenn ich Sie nur anhauche."

Das war zu viel für Hans-Dietrich Müller-Wohlgelegen. Er zog eine hinter der Couch versteckte Machete hervor und stürzte sich wie unter Drogen mit einem Urschrei auf Utschikat. Mit einem fürchterlichen Schlag zerfetzte er dessen Kehle. Utschikat fiel auf den Fliesenboden, während das Blut aus der schrecklichen Wunde schoss. Müller-Wohlgelegen hatte bereits vorher in weiser Voraussicht sämtliche Teppiche entfernt. In einen solchen (echter Afghane zum Auktionspreis von 98.000 Euro) wickelte er die Utschikat-Leiche und schleppte sie zur Bio-Mülltonne. Auf eine sorgfältige Mülltrennung legte er nämlich allergrößten Wert.

Dann kehrte er in die Diele zurück und wischte die Blutspuren vom Boden. „Früher floss mehr Blut", murmelte er schweißtriefend aber erleichtert vor sich hin und gönnte sich ein Glas vom allerfeinsten Jahrgangschampagner. Völlig entspannt griff er nun zum Handy und säuselte: „Du kannst gerne noch auf ein paar Stündchen vorbeikommen, Blondy."

„Tut mir schrecklich Leid, Bärchen. Aber ich habe soeben eine Zwischenblutung bekommen."

Jetzt wird erst mal
schön gestorben und dann
sehen wir weiter

Adelgunde Hüftbeißer hatte die Schnauze voll. Voll bis zur Halskrause. Seit fünfzehn Jahren, drei Monaten und elf Tagen war sie mit diesem Versager Kurt-Ewald Hüftbeißer laut Standesamt Obersulm verehelicht und genauso lange bereute sie dieses Ja-Wort. Das war nämlich das allerletzte Mal, dass sie überhaupt etwas zu sagen hatte.

Bereits kurz nach der Hochzeit zeigte ihr Gemahl sein wahres Gesicht. Hatte er doch in Wirklichkeit nur eine Haushaltshilfe, sprich Putzfrau, Köchin, Wäscherin, Büglerin und in streng limitierten Ausnahmefällen eine preiswerte Prostituierte gesucht und auch gefunden. Der gelernte Metzger mit den derben Pranken eines Maurergesellen wollte nur noch in Ruhe die restlichen fünfzig Jahre seines Lebens im Suff, an der Döner-Bude um die Ecke oder vor der Glotze verbringen. Sollte die Alte doch mal sehen, wie sie zurechtkam. Denn die Stütze reichte gerade so, um seinen beträchtlichen Bier- und Schnapskonsum zu finanzieren. Um nicht zu verhungern, hatte Adelgunde bereits zwei Putzstellen angenommen; zwischendurch räumte sie noch bei Aldi Süd Regale ein.

Immer wenn sie von der Arbeit nach Hause kam, lag ihr Angetrauter faul auf dem Sofa, glotzte in die Röhre und bediente sich am 20-er-Kasten *Krombacher Premium,* der in Reichweite stand. Und wenn er sie überhaupt mal ansprach, dann nur, um sie anzuraunzen „Hol mal die Pulle Schnaps aus dem Kühlbunker, aber presto, presto!"

Adelgunde hatte aus reiner Verzweiflung bei Aldi Süd mit dem neuen Marktleiter angebändelt, denn sie war trotz der Entbehrungen aller Art immer noch ein recht knusperiges Weibchen. Für ein neues Leben, wie sie es sich seit Jahren erträumt hatte, musste sie aber erst den werten Gatten loswerden. Sie wusste, dass Kurt-Ewald sehr gerne Pilze aß. Also fuhr sie mit Schatzi, ihrem heimlichen Aldi-Verehrer in ein Wäldchen ganz in der Nähe. Gemeinsam machten sich die Beiden, die von den Früchten des Waldes so viel Ahnung hatten wie ein Kurzsichtiger von einem Hardcore-Video, auf die Suche nach Leckerem für ein feines Pilz-Ragout. Vor allem ein Prachtexemplar - rot mit weißen Tupfen - stach ihnen ins Auge. Zusammen mit ein paar anderen Sorten, bei denen es sich wohl um Steinpilze und Pfifferlinge handelte, legten sie es behutsam in einen Stoffbeutel.

Zuhause machte sich Adelgunde sofort am Herd zu schaffen. Sie konnte es kaum erwarten, Ihrem Gemahl die gepflückten Köstlichkeiten aufzutischen. Sie zerhackte sie in kleine Stückchen, würzte sie scharf mit Pfeffer und Chili und briet sie mit Knoblauch und Petersilie in einer großen Pfanne an. Der Duft verbreitete sich bis zum Sofa im Wohnzimmer, wo sich Kurt-Ewald seiner Lieblingsbeschäftigung hingab. „Bekomm ich vielleicht gnädigst endlich was zum Fressen?" sabberte er und wälzte sich schwerfällig vom Sofa.

„Ja, mein Lieber. Wir hatten heute Mischpilze im Angebot." Adelgunde deckte den Tisch und stellte die Pfanne auf den Tisch.

„Das ist alles für dich. Ich weiß doch, wie gerne du Pilzragout magst."

Kurt-Ewald schlang die ganze Portion gierig in sich hinein, denn in wenigen Minuten spielte Schalke auf Dortmund und das konnte er sich als Edel-Fan und ausgewiesener Fußballexperte nicht entgehen lassen. Satt wie ein Huhn, bevor es von der Stange fällt, rollte sich der Hausherr wieder aufs Sofa und wartete sehnsüchtig auf den Anpfiff auf Dortmund. Nach einer Viertelstunde erreichte er gerade noch die Toilette. Ihm war plötzlich hundeelend. Nach fünf weiteren Minuten schaffte er es mit Mühe und Not zurück auf die Couch. Aber seine Augen wurden schon glasig und sein Mund schäumte wie nach einer halben Tube Blendax Spearmint.

Adelgunde stand vor ihm und beobachtete ihn voll Entzücken. „Na, wie sind dir denn die Pilze bekommen, Liebling?" fragte sie besorgt. „Sollte sich etwa aus Versehen ein klitzekleines Fliegenpilzchen ins Ragout verirrt haben? Das ist aber noch lange kein Grund zur Aufregung. Übrigens: Schalke hat soeben 2:3 verloren. Bleib trotzdem ganz cool. Jetzt wird nämlich erst mal schön gestorben und dann sehen wir weiter!"

Zum Autor

Rudi Hans Böhret alias Fabio Marotti lebt und arbeitet als (Unruhe-) Ständler in Bad Friedrichshall.

Nicht nur die Presse bezeichnet ihn gerne als kreatives Multi-Talent. Eine jahrzehntelange künstlerische Karriere als Maler, Promi-Karikaturist, Fotograf und Songtexter. 75 Ausstellungen – unter anderem gemeinsam mit Udo Lindenbergs Likörellen. Er verfügt über ein schier unerschöpfliches Reservoir an Humor, Fantasie und Satire. Bereits in Jugendjahren Mitglied des Kabaretts „Die Mittelreifen". Mitwirkung bei den „Strudelliteraten", einer Vereinigung von Literaturschaffenden. Bühnenauftritte als Conferencier. Nebenberuflich lange Jahre Inhaber einer Gastspieldirektion.

Bisher erschienene Bücher

	ISBN	auch als eBook erhältlich
Heiteres in Wort und Bild	vergriffen!	
Augen auf!	vergriffen!	
Besser vom Böhret gezeichnet als vom Leben	vergriffen!	
Deftig-derbe BauernSprüche	978-3-8370-7476-5	
Ene mene mu – und tot bist DU!	978-3-8334-7539-9	x
VIPikaturen in der Tasche…	978-3-8423-1440-5	
Was, schon wieder Venedig?	978-3-8619-6101-7	x
Es war kein Hexenschuss	978-3-8482-6743-9	x
Tausche Krähenfuß gegen Lachfalte	978-3-7322-4248-1	x
Keine Gnade für Blondinen	978-3-7322-8448-1	x